BIPOLAR, SIM. LOUCA, SÓ QUANDO EU QUERO

BIPOLAR, SIM, LOUCA, SÓ QUANDO EU QUERO

HISTÓRIAS PARA LER, RIR E CHORAR

MATRIX

© 2023 - Bia Garbato
Direitos em língua portuguesa para o Brasil:
Matrix Editora
www.matrixeditora.com.br
/MatrixEditora | @matrixeditora | /matrixeditora

Diretor editorial
Paulo Tadeu

Capa, projeto gráfico e diagramação
Patricia Delgado da Costa

Revisão
Adriana Wrege
Silvia Parollo

CIP-BRASIL - CATALOGAÇÃO NA PUBLICAÇÃO
SINDICATO NACIONAL DOS EDITORES DE LIVROS, RJ

Garbato, Bia
Bipolar, sim. Louca, só quando eu quero / Bia Garbato. - 1. ed. - São Paulo: Matrix, 2023.
160 p.; 23 cm.

ISBN 978-65-5616-288-1

1. Garbato, Bia, 1981- Saúde mental. 2. Transtorno bipolar - Pacientes - Biografia. I. Título.

22-80721
CDD: 616.8950092
CDU: 929:616.895

Meri Gleice Rodrigues de Souza - Bibliotecária - CRB-7/6439

SUMÁRIO

Prefácio POR TATI BERNARDI 12

CAPÍTULO 1   **Bipolar**

                      Bipolar, sim. Louca, só quando eu quero 15
                      Agora é oficial 16
                      Sobe ou desce? 18
                      Às vezes não tem graça nenhuma ser quem a gente é 20
                      Quando o ponto é passar do ponto 21
                      Joguei Prozac na cruz 23

CAPÍTULO 2   **Depressão**

                      Dias foda 27
                      Quando ela chega 28
                      ECT & ETC 29
                      Tem um bode no sofá 31
                      Não existe lugar seguro na minha cabeça 32

CAPÍTULO 3   **Mente**

                      Ansiosa 35
                      Sobriedade é uma viagem 36
                      Três terapeutas, uma paciente 38
                      Psicossomágica 40

CAPÍTULO 4	**Emagrecimento**	
	Como cheguei aos 100 quilos e voltei pra contar	43
	Como voltei dos 100 quilos, a continuação	46
	Dr. Morte	48

CAPÍTULO 5	**Maternidade**	
	Gravidez ou bullying da natureza?	53
	A maternidade nos tempos do iPhone	55
	O puerpério de Dante	57
	Bebê 2.0	60
	A maternidade nos tempos do iPad	62
	Mãe bipolar	64
	Mãe, hoje eu entendi	66
	Fru-fru	67
	Pedra sobre pedra	69
	A fono e a fala	71
	Burra de carga (mental) – parte 1	74
	Burra de carga (mental) – parte 2	75
	Cassoulet	76

CAPÍTULO 6	**Relacionamento**	
	Amor entre dois polos	79
	Premonição amorosa	79
	Se pensar, não case	82
	Casamento é bom, mas é complicado	84
	Já pode beijar o noivo	85
	Na festa e na fossa	94
	Girls just wanna have fun	95
	Amor aos latidos	97
	Paixões	98

CAPÍTULO 7	**Vida**	

Dos 20 aos 40	103
Independência ou morte	104
A vida tem dessas coisas	105
Dora Aventureira	106
Vamos a la playa	108
I believe I can fly	110
Beach tennis, bitch	111
Cariocagens e paulistagens	113
Questão de educação	114
Perdida no espaço	115
Underdress	116
Vida em série	119
I wanna hold your hand	120
Nos tempos da escola	120
Lembra do bipe?	122
Simples assim	122
Pipoca doce	123
Elevador	124
O mercado tá livre	126

CAPÍTULO 8	**#sentimentos**	

#(in)gratidão	129
#culpa	130
#inveja	131

CAPÍTULO 9	**Pensamentos**	

Vai dar merda	135
E se?	136
Sim, mas...	137

CAPÍTULO 10 **Corpo insano**

    Plantão médico 139
    Asma 140
    Atendendo aos pedidos amorosos por notícias 143
    Nem tudo está perdido. 146
    Crônica da doente crônica 149

CAPÍTULO 11 **A escrita e eu**

    Currículo psicodélico 151
    Sobre crônicas e dissertações 153
    Processo criativo 154
    Palavras 155

CAPÍTULO 12 **O café e a conta** 158

Dedico este livro àqueles que sempre acreditaram em mim,
mesmo quando eu deixei de acreditar.

♡

*Este livro é baseado em experiências pessoais
da autora e de forma alguma pretende
levantar bandeiras ou ofender alguém.*

*Marcas registradas ou nomes de produtos
foram usados apenas como referência, para fins de humor,
sem nenhum intuito de difamar ou desabonar.*

Prefácio

POR TATI BERNARDI

Se a depressão saiu do armário, por que a bipolaridade não pode sair também (e voltar pro armário, e sair de novo, e voltar...)? Fiz piada com algo muito sério. E isso é errado. Mas talvez, neste livro, eu possa ser perdoada, porque é exatamente o que a Bia Garbato faz, com maestria, a respeito da sua mente, sua luta contra a balança, a maternidade, seus relacionamentos e os desafios da vida.

Bia me conquistou quando definiu assim o seu tipo de bipolaridade: "Existem duas classes de bipolar: o tipo dois, com depressões e manias mais leves, e o tipo um, com mais pesadas. Eu, como sempre sonhei em ser realmente boa em alguma coisa, sou tipo um". Fiquei preocupada, triste e, ao mesmo tempo, esbocei um sorriso. O susto seguido de alívio, que ela causa em seus leitores (e imagino que Bia possa se beneficiar muitíssimo do santo remédio que é o autodeboche), é o que chamo de um verdadeiro autor de comédia.

Todo dia em que acordo desmotivada, lembro que a depressão odeia "roupa de ginástica combinando" e dou risada. Sempre que vou pegar uma uva do chão, lembro que a autora preferia morrer a pegá-las – "parecia que eu estava subindo as escadarias de Machu Picchu" – e me pego mais uma vez rememorando seus ótimos textos. Eu detestei a gravidez e me culpei bastante por isso, mas encontrei um conforto possível quando li que "eu, particularmente, prefiro que me deem dez filhos, um cachorro e uma calopsita pra criar a uma barriga" e que "mandam a gente [...] se alimentar bem para ajudar no desenvolvimento do bebê. Durante um mês ele se esbaldou com Chicabon [...] Depois pegamos horror do picolé. O mês seguinte incluiu palmito, azeitona e limonada. [...] E fomos assim, com a alimentação equilibrista, nada equilibrada". O livro da Bia entra na cabeça da gente, enquanto entramos na cabeça dela. E essa é, a meu ver, a troca mais honesta entre escritor e leitor.

Eu não acredito no humor que não arranque algumas lágrimas. Não acredito na verdade que não exponha seu escritor. Não acredito na piada sem dor. Não acredito na ironia que não seja ato falho. Não acredito em um texto verdadeiro, generoso e bem escrito, sem que ele nos soe tão maluco e primitivo como todos nós. Por tudo isso, acredito demais nas linhas a seguir.

CAPÍTULO 1

Bipolar

Bipolar, sim. Louca, só quando eu quero

Não me importa que me chamem de louca por subir no palco da "festa da firma" e cantar um fado. Não me importa que me considerem louca por fazer um vídeo vestida de cigana e postar no Instagram. Essa é a minha personalidade, e concordo que eu posso ser louca pra caramba.

A verdade é que, além de "louca", eu sou bipolar. Não a duas caras ou a que muda de opinião toda hora. Não a sua chefe ou a namorada do seu ex-marido. Sou aquela que tem transtorno afetivo bipolar. E isso não é tão legal quanto se vestir de cigana.

Minha estreia no mundo psiquiátrico foi com 16 anos. Eu estava fazendo uma prova de Química e não encontrei minha borracha. Convenhamos, uma borracha é muito importante em uma prova de Química. Comecei a vasculhar o microcosmo ao meu redor, sussurrando, obcecada: "borracha", "borracha", "borracha". De repente, não dei mais conta da situação. Levantei bruscamente e corri para o banheiro, me abrigando entre uma privada e a parede. Agarrada em minhas pernas, eu me balançava enquanto chorava com os olhos muito abertos, como um bichinho assustado. Eu não tinha ideia do que estava acontecendo. Aliás, eu levei anos até descobrir. Agora, imagine o tamanho da fama de louca que eu peguei na escola. A sorte é que eu já era louca (a da cigana) e fazia sucesso por isso. Então, nem liguei.

Já fui diagnosticada com ansiedade, síndrome do pânico, *burnout*, psicossomatismo, frescura, preguiça, passado mal resolvido, encosto e, finalmente, como louca. Até que veio a sentença final: transtorno bipolar. Esse diagnóstico demorou a chegar. Por muito tempo fui considerada unipolar. Supostamente, eu tinha apenas depressão. A questão é que ninguém vai ao médico porque está se sentindo superesperto e animado, como quando está eufórico. Só no meu episódio mais grave é que se deram conta de que aquilo não estava tão bom quanto eu estava achando.

A grosso modo, a depressão é o inferno, a euforia é o céu. Mas a mania (o sinônimo de euforia) também pode ser um inferno, especialmente pros outros. A certeza de que somos geniais, a inconsequência, o ímpeto de comprar, o desejo de seduzir, a agressividade, tudo isso e muito mais fazem parte da bipolaridade. Neste livro, eu coloquei meu coração na mesa e me joguei do armário de vez. As pessoas não contam pra todo mundo que têm diabetes? Por que eu não posso contar que sou bipolar?

Hoje não vivo mais dando pulos altos no trampolim ou mergulhando na cama. Não tenho mais êxtases como antes, mas também não sinto mais dores que não posso aguentar. Fui apresentada a mim mesma e aos meus universos. E fundir esses universos se tornou a missão da minha vida.

De uma coisa eu sei: eu não sou a doença. Ela não me define. Sou bipolar, mas também sou mãe de um moleque genial de 9 anos; uma esposa às vezes chata, mas parceira; uma mulher que conseguiu perder 30 quilos numa dieta; uma escritora que aprendeu a expor suas vulnerabilidades. Posso ser o que eu quiser, apesar de ser bipolar. E posso ser muito louca quando eu quero. E eu sei que vou querer.

♡

Agora é oficial

Eu sempre soube que tinha uma coisa estranha aqui dentro. Me lembro de pensar: "Como será que é ser normal?". Eu já havia tido depressões pra dar e vender (e como eu gostaria de dar e vender), mas, depois que meu filho nasceu, tive uma com nome especial: "depressão pós-parto". Como não melhorava, o psiquiatra me prescreveu uma combinação explosiva de antidepressivos em doses elefânticas. Mesmo assim, não melhorei. Até que um dia, não por acaso o dia do meu aniversário, uns amigos marcaram um almoço em uma cantina, na tentativa de levantar meu astral. No táxi, depois de ser vestida pelo meu marido, eu suava sem parar, só de pensar em encontrar pessoas. Qualquer pessoa. Para minha surpresa, o almoço foi "até que legal", o que foi uma grande coisa naquele momento. Mais à noite, fomos todos para minha casa, pois minhas irmãs haviam preparado uma festinha íntima, também com o objetivo de me animar. Durante o encontro, recebi muitos abraços, conversei com todo mundo, dei risada (!) e minha bola foi enchendo. Antes de dormir, escrevi em um papelzinho: "Hoje foi um dia incrível. Talvez um dos melhores da minha vida". Opa. Eu tinha precisado de um guindaste para me levantar da cama naquela manhã e tudo que eu não queria naquela noite era dormir. Hoje eu sei, foi uma virada. Da depressão direto para a euforia. Virar é sentir que, de repente, você se tornou a presidente do mundo e está nadando nua, em uma praia em Fernando de Noronha, depois de tomar um ecstasy. Eu afirmo: se você não é bipolar, nunca vai ser tão feliz como eu fui naqueles dias.

    A princípio minha família ficou aliviada por eu estar melhor. Beeem melhor. Minha mãe me levou ao tal psiquiatra para contar as novidades. Me lembro dela falar que eu estava "estranhamente sem depressão". E também sem dormir, sem comer e sem parar quieta. Depois de uma rápida conversa, ele diagnosticou: "Ela é maníaco-depressiva". Oi? Como assim? Mania de limpeza? Maníaco do parque? "Peraí, doutor. É aquele lance de bipolar?". Ele: "Não importa o nome que leva. Vou te dar um remédio que vai estabilizar o seu humor". Até parece que é fácil assim. Meu pai ficou muito bravo com aquele diagnóstico que "esse psiquiatra de meia pataca" tinha dado e proferiu: "Agora que você finalmente tá bem, vão inventar moda?". Então, decidiu: "Vou te levar na psiquiatra que meu *personal trainer* indicou e ela vai resolver isso aí". Na fantasia dele, ela ia dizer: "Bipolar? Maaaagina. Uma moçona linda dessas? Dá um chá de camomila três vezes ao dia que ela para de falar". Só que, pra surpresa dele, depois de me ouvir matraquear sem parar durante os 60 minutos reservados para a consulta, ela o chamou e disse: "Sua filha está no espectro bipolar". Hoje eu sei que estou sentada no meio do tal espectro. Existem duas classes de bipolar: o tipo dois, com depressões e manias mais leves, e o tipo um, com mais pesadas. Como sempre sonhei em ser realmente boa em alguma coisa, sou tipo um. Meu pai, nervoso, perguntou como ela poderia saber, se tinha acabado de me conhecer. Não seria melhor me observar por alguns meses e depois dar o veredito? Só me lembro de ela dizer: "Se eu deixar ela sair assim, será negligência médica". A coisa era séria. Ela recomendou que eu tomasse lítio, o carro-chefe do tratamento para o transtorno bipolar. Meu pai perguntou se tinha algum efeito colateral e, em português claro, se podia dar alguma merda. Ela explicou que, em última instância, poderia resultar em morte. O carbonato de lítio é um medicamento diferente. É um sal – que por curiosidade já foi usado na mesa – e, como tal, não é metabolizado pelo fígado. Ele é absorvido pelo sistema digestivo e eliminado pelos rins. Em doses altas, pode ser tóxico e, na pior das hipóteses, gerar insuficiência renal. Só que, hoje em dia, ele é utilizado com segurança, quando dosado periodicamente no sangue. Meu pai é conhecido como "Zé Cautela", porque desconfia de tudo. Ele foi categórico: "Isso aí minha filha não vai tomar". Bom, eu saí do consultório, liguei pra médica e tomo lítio há dez anos.

Depois dessa história, eu vivi muitas outras. Oscilei entre os dois polos, enfrentei muitos episódios, estudei, lutei, me estabilizei. Mas confesso que, às vezes, sinto saudade de mergulhar pelada em Fernando de Noronha. Mesmo que seja só na minha cabeça.

♡

Sobe ou desce?

10h30. Elevador. Coque-espanador, calça de flanela, camiseta da Mulher-Maravilha.
– Desculpe incomodar, a senhora mora no 73? Ah, no 74. Me chamo Beatriz, mas pode me chamar de Bia, sou sua vizinha do 34. Meu apartamento está com um vazamento horrível, e o síndico disse que é do ramal. A senhora se importaria de eu dar uma olhadinha no seu banheiro?
Depois de dar uma olhadinha no apartamento todo, caminhei para a porta e disse:
– Bonito apartamento. A senhora aluga faz tempo? Ah, é proprietária. Por acaso já pensou em vender?

11h15. Na porta do apartamento 35, em frente ao meu:

– Olá, o senhor é o corretor da Gaivota da Fonseca, certo? Nossa, como o apartamento fica grande sem os móveis, né? Estou atrás de um lugar para os meus sogros morarem, pois estão se mudando de Varginha [tudo mentira]. Quanto os donos estão pedindo mesmo? Será que aceitam financiamento?

Um bipolar só é bipolar porque, além das depressões, tem manias. Muita energia, nenhum sono, a certeza de que nossas ideias são geniais e, entre outras coisas, um impulso louco por comprar. Na minha primeira mania, passei um bom tempo andando de elevador com o objetivo de comprar todos os apartamentos do meu prédio. Curiosamente, esse sobe e desce se tornou uma metáfora perfeita para a minha vida.

Do dia pra noite decidi que meus amigos iam morar no meu edifício, no estilo *Friends*. Então resolvi ir atrás dos apartamentos, mesmo sem ter grana para pedir pizza duas vezes no mês. Visitei todos os imóveis vazios (negociei preços e tudo o mais), além de ficar passeando de elevador, convencendo os demais moradores a me mostrarem suas residências. Confesso que cheguei a ir a uma agência da Caixa para ver em quantos milhões de anos eu poderia pagar por aquela empreitada. Por sorte, meu marido cortou meu barato, e até tirou o meu cartão de crédito, evitando que eu fizesse essa e outras cagadas monstruosas.

Hoje em dia, tomar Zoloft e Rivotril é legalizado. Bipolaridade, infelizmente, nem sempre é. Quando fui diagnosticada, muita gente me aconselhou a encobrir a minha doença, como se fosse vergonha, alegando que iria chocar as pessoas e gerar preconceito. Estavam totalmente certos. O problema é que eu não consigo viver meias-verdades. Minha maior qualidade – e defeito – é a sinceridade. Eu precisava tanto digerir a questão, que contava para todo mundo. No ponto de ônibus: "É aqui que passa o 304? Sabia que eu sou bipolar?". Ou na manicure: "Quero uma unha de cada cor. É que eu sou bipolar". Falei para os amigos e os inimigos. Só não contei para os contatos profissionais e para as mães de amiguinhos do meu filho, porque não conseguir um trabalho ou não deixarem uma criança brincar na minha casa por causa da minha bipolaridade ia doer.

Com o diagnóstico, minha cabeça tinha tudo para ter virado do avesso. Mas, curiosamente, ela foi pro lugar. Finalmente as coisas se encaixaram. Àquela altura, eu já não sabia mais se era caseira ou festeira, se gostava de vinho ou de chá, se era gênia ou geniosa, se curtia Anitta ou Bach. Quando eu estava em euforia (sem saber ainda), ficava indignada por ter ferrado minha vida social quando estava deprimida. Quando eu estava deprimida, queria morrer pensando que eu tinha parcelado uma televisão de mil polegadas que mal cabia na parede. De repente, com aquele diagnóstico, fiz as pazes comigo mesma.

Com o tempo, aprendi a não deixar a peteca cair. Tenho dias bons, dias ruins, dias piores ou melhores do que deveriam ser e, em quase todos, eu tenho que ficar atenta. Aprendi que o sono é o meu melhor amigo e que dois dias de balada podem me tirar do prumo. Descobri que fazer exercícios não deixa só a bunda dura, mas deixa também o cérebro mais forte. Aos primeiros sinais de uma oscilada iminente, como virar a noite colando lantejoulas em uma calça jeans "que vai ficar incrível" ou ficar me arrastando pela casa de quimono, meia felpuda e Crocs rosa, já aciono meu psiquiatra, ajustamos o tratamento e a cabeça volta pro lugar.

A experiência, mesmo que dolorosa, tem suas vantagens. Posso ter meus problemas, mas posso ser, ao mesmo tempo, muito sã. E pode me passar um trabalho, que eu entrego antes do prazo, e o seu filho vai ter a melhor tarde da vida dele aqui em casa.

♡

Às vezes não tem graça nenhuma ser quem a gente é

Tem gente que parece imune à depressão. Eu, infelizmente, não sou. Aliás, a depressão dorme do meu lado direito todas as noites (do esquerdo é o meu marido). De manhã eu dou um bom-dia bem animado pra ela, coloco uma roupa de ginástica toda combinando (roupa combinando irrita muito a depressão) e vou suar a camisa (ela não suporta camisa suada). Hoje em dia ela até pode me pegar, mas não é fácil, resisto até o fim. Conheço bem a danada. No começo, me tomava de assalto. Nocaute, para a cama. Hoje, não. Eu dou uma boa briga. Vou lidando com ela, sei que vai passar, coloco minhas dores no papel, me trato, saio de casa mesmo sem querer. E, quando vejo, ela saiu fora. Aí finjo que ela não existe, dou um gelo. Mas só finjo, porque sei que terei trabalho para mantê-la longe de mim.

Mesmo assim, de repente, a vida parece uma coisa gigante. São tantos pratos a girar, que vou ficando exausta. De repente, os pratos caem. Vem a vontade de me esconder, de sumir dentro do colchão (não basta ser em cima). Vem um constrangimento enorme por ser uma farsa, uma pessoa que finge viver. Me arrasto por aí com meu traje invisível de pedra. Até que, um dia, abro os olhos e ela se foi. Abro a janela e o sol brilha, não me ofusca mais. A vida tem graça, tem gosto, tem cor. E aquele sofrimento não faz mais sentido. É quando eu sei que tenho que aproveitar ao máximo, ver os amigos, dançar, trabalhar, amar. Pois nunca sei qual será o dia em que ela voltará a me visitar.

♡

Quando o ponto é passar do ponto

Depois que fui diagnosticada com transtorno de humor, vi que muita coisa que eu já fiz não foi somente obra da minha personalidade exuberante.

Tudo começou em Porto Seguro, em uma viagem de formatura, há muitos anos. Dançar a "Dança da manivela" de abadá com meus amigos era o máximo. Mas dormir não tinha a menor graça, então passei quase uma semana em claro. Descolei um romance com um rastafári que eu tinha certeza que daria em casamento. Obviamente, não deu nem em namoro. Comer foi opcional. Talvez um acarajé na praia. Às vezes tinha a grande ideia de ligar para os meus pais de um orelhão (pré-iPhone) às 4h da madrugada para dizer que estava tudo ótimo e que eu tinha descoberto o caminho pra felicidade. E isso incluía uma bebida chamada "Capeta".

Uma vez, já casada e em crise, passei dias obcecada por achar um poema que fiz na escola quando tinha 13 anos. Meu marido me encontrou na sala e só disse: "Jesus!". E olha que ele é ateu. Eu tinha coberto o chão e os móveis com intermináveis folhas de papel, desde contas de luz até um bilhetinho da minha melhor amiga da quarta série, no maior estilo Carrie Mathison, de *Homeland* (assista que você vai gostar). Eu estava de roupão, rabo de cavalo torto e os olhos arregalados. Se eu achei? Que nada. Entrei em contato com meus coleguinhas da época e, sem encontrar minha obra, mandei um e-mail para a escola, trinta anos depois! A diretora devia estar aposentada e morando em São José dos Campos. Por sorte, minha avó tinha guardado o poema. As avós são especiais.

Entre os episódios de euforia, eu tinha períodos de depressão e, felizmente, de estabilidade. Tirando um episódio severo de mania, na maioria das vezes eu tive a sorte de ter episódios mais brandos, chamados de hipomanias. Possivelmente por isso, as pessoas que conheciam meu jeito animado, geralmente não achavam que eu estava tão "fora do normal" nesses momentos.

Uma cena emblemática foi um dia em que quis fazer um café na cama para meu marido aniversariante. Ele acordaria por volta das 10h naquele sábado, mas às 5h da manhã eu já estava com o pé na rua. Eu trotava ao redor do quarteirão de uma Casa do Pão de Queijo ainda fechada, quando avistei o segurança, que aguardava as 8h para levantar o portão. Perguntei freneticamente: "Já vai abrir, moço? Quanto tempo vai demorar?". Tipo uma criança no carro querendo loucamente chegar ao Wet'n Wild. Meu marido foi acordado bem mais cedo naquele dia, com muito mais pães de queijo do que ele poderia comer.

Essas e muitas outras histórias aconteceram nos meus altos e baixos. É difícil abrir meu baú de loucuras. Mas fingir que elas não existem só faz aumentar a incompreensão. A verdade é que eu sei que outras Bias virão. E que teremos que ser sempre amigas.

♡

Joguei Prozac na cruz

Tatuagem

Certa vez, mais louca que a Tina Turner, passei na frente de um estúdio de tatuagem. Toda pilhada, declarei: "Vou fazer uma tattoo". Meu marido contra-argumentou: "Você tem certeza?", e pediu que eu pensasse por um dia. Na minha certeza eufórica, nem respondi e entrei decidida: "Quero tatuar os Beatles da capa do *Help!*". Era fim do dia e o tatuador bebia uma Heineken. Eu devia ter notado que ele estava bêbado, mas estava embriagada pela minha insensatez. Depois do trabalho (mal)feito, fui para casa e comecei a chorar, dizendo ao meu marido: "Por que você me deixou fazer essa tatuagem?". Coitado. Muitos anos se passaram. A tatuagem ainda está aqui no meu pulso. Em vez dos Beatles, ela lembra os personagens de um desenho animado chamado *Mundo Bita*. Um senhor redondo de cartola e bigode cercado por crianças alucinadas. Meu filho curtia quando era mais novo. Pronto, é uma homenagem a ele.

Reunião

Inaugurei minha bipolaridade em um episódio de mania no universo profissional. Almocei com um cliente e simplesmente não comi, só falei. Mais para o fim do dia, fui apresentar minha produtora de som para uma grande agência de publicidade. Sentados, estavam: o diretor de criação, a diretora de rádio e TV e a atendimento da conta. Comigo estava uma colega, que tinha acabado de chegar na produtora. Enquanto eu passava freneticamente uma apresentação, batia na mesa e dizia em alto e bom som: "Vamos trabalhar, ca...lho", "Vai ficar f...a, p...rra", "Vamos botar pra f...er, gente!", a equipe me olhava com os olhos esbugalhados, tentando segurar o queixo. Ao final, saí da sala mascando chiclete convulsivamente e perguntei à minha colega: "E aí? O que você achou?". E ela, que ainda não conhecia muito o esquema, disse: "Melhor que isso não dá pra ficar". Tá dito.

Meditação

Todo mundo sabe que não pensar é o novo pensar (#mindfulness). Quando eu estava em um episódio de mania, uma amiga me indicou um guia de meditação. Fui a pé para seu espaço zen, avaliando no caminho qual prédio eu iria comprar. O guru abriu a porta, e, para minha surpresa, ele era jovem e charmoso. Todo vestido de branco, estava descalço e com pinta de Osho. Sentamos, e ele me pediu que contasse a minha história. "Ai, ai, por onde começar?" Comecei pelo dia em que eu nasci. Quando estava na quarta série, peguei uma curva e comecei a falar da minha teoria sobre a construção das pirâmides. Depois contei sobre um menino de quem eu gostava na faculdade, mas que preferiu uma fulana com reflexo no cabelo. Dei a receita do cozido da minha vó, comentei que a Zara estava em promoção, até que ele me interrompeu: "Se acalma, alma. Meu irmão é bipolar, você está com fuga de ideias". Sério? Achei que elas estavam todas aqui. Então ele me propôs que sentasse na posição de lótus, fechasse os olhos e não pensasse em nada. Rá, rá, rá. Minha cabeça começou: "Onde eu ponho a língua?", "Você come linguiça?", "Esse cheiro é de erva-cidreira ou maconha?".

Homeopatia

Quando eu tinha 16 anos, vivi minha primeira depressão. Meus pais me colocaram na terapia, já que ainda não tinham coragem de me levar ao psiquiatra. Depois de alguns meses, vendo que não havia previsão de melhora, minha mãe me levou a uma homeopata. Depois de eu relatar a lama em que estava vivendo, a médica me recomendou uma homeopatia em dose única com 1.000 CH (seja lá o que for isso). Oi? Eu estou gramando há quatro meses e você vai resolver com uma única bolinha de açúcar? Essa eu quero ver. Sábado à noite. Fiz uma oração para Jah e mandei para dentro. Dormi. Domingo, acordei e cantei: "Bom dia! O sol já nasceu lá na fazendinha!". Estava tão animada que decidi lavar o carro do meu pai. Sério, o carro-do-meu-pai! Estava sol, espirrava espuma, eu achava tudo lindo. Ainda não existia mania na minha vida, era felicidade mesmo. Ajudei minha mãe a enrolar panquecas. Meu irmão, a arrumar o quarto. E não é que eu tinha saído da depressão? No dia seguinte, acordei com aquele peso da melancolia e concluí que cada dia é um dia e que eu precisava de uma dose única todos os dias.

♡

CAPÍTULO 2

Depressão

Tem dias em que eu acordo com a nítida sensação de que não vou conseguir.
Não vou conseguir conquistar o mundo nem escovar os dentes.
Não vou conseguir correr nem fazer o suco de laranja.
Não vou conseguir trabalhar nem descansar.
Não vou conseguir arrumar a casa, nem fora, nem dentro de mim.

Dias foda

Tem dias em que eu me sinto uma mulher foda. Sinto que dou conta do filho que tenho e dos três que eu poderia ter tido. Me sinto uma dona de casa eficiente, que mantém as lâmpadas trocadas, ralos desentupidos e despensa abastecida. Corro na rua, faço alongamento, musculação e ainda danço no chuveiro. Dias em que eu como tão bem (muita couve, nenhum brigadeiro) que mereça um Oscar. Acerto de primeira na combinação do jeans, camiseta podrinha, coque alto e *gloss*. Não lasco a unha. Não me atraso. Não brigo com minha mãe. Me sinto amada pelo meu marido. E o amo mais de volta. Dias que crio, que escrevo, que desenho, que canto. E não duvido da minha capacidade. Não nesses dias. Nesses dias, me sinto foda. Encontro os amigos e não vejo seus defeitos, não falo mal dos que não foram, dou risada e faço rirem. Saio plena, certa de que quem tem amigos tem tudo. Ah, esses dias.

E tem os dias que são foda. Dias de TPM, de depressão, de gripe, de dor nas costas, de enxaqueca, *bad hair days*, dias frios ou quentes demais. Dias em que meu único filho me tira do sério, que as lâmpadas queimam, os ralos entopem, falta cebola, almoço miojo e janto chocolate. Dias em que visto dez *looks* e termino me sentindo malvestida, lasco a unha recém-feita, me atraso pros meus compromissos, brigo com minha mãe, com minha irmã e, principalmente, com meu marido. E choramingo o dia todo. Sobretudo no chuveiro. Dias em que não consigo produzir nada e, se produzo, acho ruim, ingênuo, ridículo. Então falo mal dos outros, para me distrair dos meus problemas.

Dias foda e dias em que me sinto foda; sem vocês, não vivo.

♡

Quando ela chega

Duas coisas sempre foram claras na minha vida. Que eu sou uma pessoa alegre e que, vira e mexe, entra em depressão. Parecem coisas contraditórias, mas uma tem a ver com a minha personalidade e a outra, com uma doença.

Quando estou deprimida, abandono a calça jeans, boto meu roupão azul-claro e como leite condensado com Nescau. Ligo um documentário sobre os gnus na savana e fico com cara de fundo de tela. Meu marido já saca o movimento e vem me trazer um chá com mel, como se fosse uma gripe que vai passar em sete dias. Ele sabe que a partir daquele momento eu só vou suportar ouvir a voz dele e que as das demais pessoas serão como alfinetes furando meus tímpanos. Ele sabe que terá que ser minhas duas mãos e um colo infinito.

Entrar em depressão é como cair em um lodo pegajoso e gastar uma enorme energia para não afundar. Me jogo na cama, um clichê. Parece que estou descansando, mas não levanto porque não aguento o peso da minha cabeça. Tomar banho fica tão difícil quanto fazer rapel.

A depressão é um desespero silencioso. Eu fico muito agradável: discreta, com um sorriso educado, boa ouvinte, mais magra (porque, além do leite condensado para aliviar a dor, nada mais me apetece), com um semblante tranquilo, não aquele trio elétrico que eu costumo ser.

Mas, na verdade, é um momento árido e só. Perdi a conta das vezes em que digitei no Google a palavra "depressão" atrás de identificação. Precisamos mesmo falar sobre isso. Muita gente acha que depressão é tristeza. Quem me dera. Depressão é o pacote completo: paralisia, medo, gosto amargo na boca e, claro, tristeza. A depressão não tem data, não respeita feriado. No Carnaval ela festeja a sua desgraça. No Ano-Novo ela traz a desesperança de um ano pior. Olho pela janela e vejo as pessoas vivendo. Simplesmente vivendo. Parecem mais felizes do que provavelmente são, e eu mais triste do que deveria ser. Penso em tirar uma vida sabática.

Como me ajudar? Não me deixe em paz. Não estou em paz. Não me arraste para uma festa. *Too much*. Mas fique comigo, me leve para caminhar ao sol, me ajude com as pequenas tarefas diárias, como comer ou pentear o cabelo. Me leve ao psiquiatra. Não espere que eu peça. A depressão é como um pé quebrado. Com ela não dá para andar.

Como uma pessoa que é a rainha do karaokê e que faz amigos de infância em meia hora de papo pode ser a mesma pessoa que tem uma crise de ansiedade porque recebeu uma mensagem de áudio no WhatsApp? Prazer, sou eu.

Eu gostaria de ser essa pessoa que sou hoje sempre. Mas a realidade é que a Bia deprimida também faz parte de mim. Tanto quanto a Bia que acorda às 7h para dançar zumba, a Bia que sai do próprio quarto e passa pro quarto do filho porque está com medo também sou eu. E, como na canção, essas são as dores e as delícias de ser quem a gente é.

♡

ECT & ETC

Falar de tratamento com eletrochoque pode parecer um papo pesado. Mas não tem nada mais leve do que não estar em depressão.

Sabe aquela imagem de uma fila de malucos com um avental que deixa a bunda de fora, esperando pra tomar um choque e sair babando? Então, esquece. Terapia com eletrochoque, também conhecida como eletroconvulsoterapia (ou ECT, para os íntimos), tem muito mais a ver com endoscopia do que com camisa de força. Você chega na clínica, abre a ficha, coloca um aventalzinho decente, colocam eletrodos na sua testa (iguais àqueles do eletrocardiograma) e você recebe um sedativo de curta duração. É emitido um impulso elétrico muito leve e breve. Minutos depois, você é acordado por uma enfermeira cordial, com uma torradinha, geleia, água de coco, e, com sorte, uma saladinha de fruta.

Eu estava enfrentando uma depressão potente, resistente e insistente, quando meu psiquiatra me indicou a eletroconvulsoterapia, o nome técnico do tratamento eletrizante. Obviamente que não foi a coisa mais maravilhosa de se ouvir. Eu também tinha na cabeça a fila espumante da bunda de fora. Mas, por outro lado, mesmo do alto daquela depressão terrível, depois de achar que já tinha tentado todos os tratamentos possíveis, surgiu uma esperança. Afinal, pra quem não tem nada, metade é o dobro. Depois de um bom tempo no sofá, arrumei ânimo e até passei um batonzinho pra tentar convencer o eletrochoque a funcionar. No final da primeira sessão (eram 8), eu tremia toda. Uma corrente elétrica circulava em mim, dando choquinhos nos cotovelos e joelhos. E o mais impressionante: ao segurar uma lâmpada, ela acendeu. Acreditou? Espero que não.

A ECT funciona assim: são emitidos impulsos elétricos brandos, que geram uma pequena convulsão controlada no cérebro. É como segurar aquele botão do computador por 60 segundos e soltar. Tudo volta a funcionar. O impulso reseta o cérebro e ele pega no tranco. Os neurotransmissores (serotonina etc.) voltam a circular animadamente pelos neurônios.

Um aspecto de qualquer convulsão são as contraturas musculares pelo corpo (aquela cena do paciente pulando na maca). Só que na ECT de hoje em dia é ministrado um relaxante muscular, e o paciente nem se mexe.

E quem faz a ECT? Na recepção da clínica, só havia malucos beleza como eu. Gente que trabalha, tem filhos e depressão. A ECT é um dos tratamentos mais efetivos e seguros que existem. Tanto que é uma das melhores opções para tratar a depressão em grávidas. Mais de 80% dos pacientes com depressão revertem completamente o quadro depois da ECT. Nenhum medicamento ou psicoterapia chega perto disso. Animal, né?

Calma, a ECT tem um efeito colateral desagradável, apesar de temporário, que é a perda de memória. Eu esqueci trechos da minha história e o que havia acontecido logo antes do tratamento. Com o tempo, voltou. Mas ninguém deseja passar por isso. Ou seja, tem que valer a pena.

Me disseram que queimava (ou tostava) o filme falar que eu já havia tomado eletrochoque. Mas, se não falarmos sobre isso, como é que vamos tirar o estigma do tratamento? Como vamos mostrar que não somos loucos de manicômio?

O resultado desse tratamento foi o período mais longo de férias da depressão que eu já tive. Quase esqueci que ela existia. Saí, curti, vivi.

Não lembrei, por um tempo, de memórias desagradáveis, tipo quando eu peguei piolho na escola. E nem de memórias boas, como a surpresa que meu marido fez quando completamos um ano de casamento. Não dá pra ter tudo. Mas a real é que me tratar com eletrochoque valeu cada fio de cabelo arrepiado na minha cabeça. ☰:-)

♡

Tem um bode no sofá

Às vezes a gente acorda meio sei lá o quê, com aquela vontade de morar em uma casa à beira de um lago no Canadá, de comer doce de leite, de usar gorro. Dá vontade de deitar no sofá e ver um filme necessariamente europeu, mas dá preguiça de achar esse filme, apertar a sequência de botões necessários para ele passar, então ficamos com um programinha na GNT com a Gio Ewbank, que parece irritantemente mais feliz do que a gente. Nos sentimos culpadas por estar em casa com o sol lá fora, pensando que tá todo mundo trabalhando, talvez correndo no parque, enquanto estamos miseráveis em casa, de *legging* rosa e coque amassado. Dá culpa por não ter ido visitar a prima que teve filho, por não ter feito supermercado e a única fruta que tem em casa é picolé de coco. Nos sentimos mal por não termos ido ao salão (esse bigode não é meu, peguei emprestado) ou pelo menos ter colocado óculos escuros e ter tomado um café em uma calçada, demonstrando profundidade. Mas não, hoje eu só sei que não vou. De manhã, meu marido se arrumou e eu não. Fiquei ouvindo a trilha sonora de Evita deitada na cama (para já dar a pinta da tragédia). Aí, quando ele veio me pressionar, eu dei uma choramingada e disse: "Não tô muito bem, vai indo que eu já vou" (sem ter a menor certeza do "já vou"). Ele foi obrigado a entender. Eu estou sempre relativamente arrumada, relativamente de bom humor. Mas hoje não, hoje não tem relatividade. Obviamente que produzi o dia inteiro, mesmo de moletom no sofá. Despachei meu filho para a escola, paguei contas, atendi telefonemas como se estivesse esbaforida na rua e fiz todas essas coisas que a gente faz sem saber muito o porquê. Minha terapeuta acha que é protesto, boicote e todos esses termos psicológicos. Minha mãe acha que é moleza. Então não conto pra elas, só para vocês, ok? Portanto, meus queridos, vos digo: ser mulher, ter chegado aos 40, ser casada, mãe, se chamar Beatriz, ou tudo isso junto, às vezes não é fácil. Mas ainda bem que tenho vocês para escutar meus desabafos. Agora vou tomar um banho e botar um batom vermelho, que eu vou sair pra dançar.

♡

Este texto eu escrevi quando estava em depressão. Ele é muito real, mas, para quem nunca vivenciou um momento como esse, ressalto que pode ser meio "deprê".

Não existe lugar seguro na minha cabeça

Ei, você, que está sempre aí quando eu não tenho mais ninguém.
Estou daquele jeito de novo. Daquele em que onde tudo dói.
Lembrar do passado dói. Pensar no futuro dói.
E o presente... O presente "me dói feito uma bofetada".

Tudo parece superficial.
Sem alma.
Sem cor.

Todos os pensamentos falam mal de mim.
O que eu deveria ter dito. Ou não dito.
O que eu deveria ter feito. Ou não feito.

Todos os dedos apontam pro meu peito.
Me julgam, me culpam.
Dedos provavelmente meus.

Não confie em mim, eu não confio.
Não garanto que não vou trocar os pés pelas mãos.

Estou cansada.

Já é hora de me despedir dessa dor.
Não quero mais sentir que o mundo vai me invadir.
Não quero mais tomar ansiolíticos numa terça-feira.
Não quero mais.

É assim que eu me sinto.
E você – ou será eu? – é a única que me entende.

♡

CAPÍTULO 3

Mente

Ansiosa

Ansiedade pra mim é pegar o celular a cada dois minutos e fazer a ronda: Instagram, WhatsApp, e-mail, previsão do tempo e app de notícias. É encher o tanque do carro quando ele está pela metade e calibrar a cada abastecida. É dirigir enquanto penteia o cabelo e ainda passa batom. É estar arrumada – e suando – duas horas antes da festa. É se matricular em um grupo de meditação, ficar um minuto meditando, achar que passou uma hora, fazer a lista de supermercado na cabeça, pedir licença e se levantar pra anotar, pois azeitona não pode faltar. É comer pipoca com milho. É deixar a água do macarrão ferver e secar, porque você resolveu tomar um banho rapidinho "para agilizar". É achar que trinta minutos na esteira te fizeram perder a manhã inteira. É convidar seus amigos no seu aniversário e oscilar entre a certeza de que não vem ninguém e a certeza de que vem gente demais, pegar o carro e ir comprar o dobro de bebida e comida, que, inevitavelmente, vai sobrar. Ansiedade é roer a unha pintada de vermelho e cuspir o esmalte. É subir a escada rolante ultrapassando as pessoas. É, na dúvida, comprar três blusas iguais em cores diferentes, para o caso de não combinar com a bermuda lilás ou com a saia salmão. É chacoalhar o pé até cair a Havaiana. Girar a aliança, tirar, colocar, tirar de volta e perder.

Ansiedade é checar o despertador de meia em meia hora até dormir, depois acordar pra fazer xixi e checar de novo. É dormir com a roupa do dia seguinte. Fazer a mala para uma viagem duas semanas antes e colocar roupa para o caso de dar praia ou, quem sabe, nevar. É se hospedar ao lado do aeroporto na véspera da viagem. É criar a fila do embarque, muito antes de ele abrir. É chegar ao teatrinho da escola com muita antecedência para pegar lugar e depois ficar esperando mais de uma hora até começar. É fazer amigos numa fila ou incitar movimentos de revolta. É não sair de casa sem o trio: Rivotril, floral de Bach e Ansiodoron. Tomar Zoloft, Bup ou Lexapro. É disfarçar a ansiedade fazendo a calma. É comprar o iPhone novo na pré-venda. Ter um miniataque de pânico vendo o cronômetro do iToken girar mais rápido do que seus dedos. Ansiedade é ser a primeira a escrever em um grupo que acabou de ser criado por outra pessoa. É tirar a mesa do almoço e colocar a do jantar. É cortar o caminho do Waze na tentativa de chegar mais rápido. É buzinar. É fazer a caminhada matinal passeando com o cachorro e com o bebê, falando no celular e planejando o que vai fazer nas férias. Ou falar no viva-voz enquanto responde a uma mensagem e faz a lista da farmácia no bloco de notas. É ver *Big Brother* postando sua opinião em tempo real. Fumar dois cigarros seguidos. Falar sem respirar. Comer um pacote inteiro de Bis. É ter estoque de escova de dente. É anotar tudo o que pensa para não esquecer. Ansiedade é viver em um mundo com coronavírus. É escrever uma crônica sobre ansiedade e estar ansiosa pra saber o que acharam dela.

♡

Sobriedade é uma viagem

Hoje me considero uma pessoa sóbria. Obviamente, não no sentido de uma pessoa discreta e séria, o que definitivamente não sou, mas sim uma pessoa que está no controle dos seus impulsos. Nem sempre foi assim.

Não me orgulho de dizer que eu bebia demais. Já faz um tempo que parei. Não porque eu não gostasse mais de uma cervejinha, de uma caipirinha de tangerina ou de um Baileys *on the rocks* (tem gosto pra tudo). Decidi parar de beber porque não queria mais passar do ponto. Na época, era comum eu mandar, no dia seguinte, uma mensagem pros meus amigos dizendo: "O que eu não lembro eu não fiz". Ou: "Em alguns tipos de ressaca devia ser permitida a eutanásia". Deixando de beber, conheci o lado bom de estar sóbria. O prazer de ir a uma festa pela música, pelos encontros e pelas conversas (que vou lembrar depois). Além do alívio de tirar o rímel antes de dormir, escovar os dentes (!) e, principalmente, não acordar com a boca grudada e a cabeça latejando.

Mas a sobriedade não se aplica só à bebida. Tempos depois de parar de beber, eu resolvi parar de encher a cara de comida. Eu me entupia de carboidrato e açúcar para me anestesiar dos problemas, para comemorar, para ocupar o tempo. Uma festa, para mim, era o que eu ia comer. Tipo um almoço na minha mãe. O que vai ter? Lasanha. E de sobremesa? Pudim. Humm, estarei aí. Na clínica em que me tratei da compulsão alimentar, a primeira fase, não à toa, se chama abstinência.

Confesso, envergonhada, que até bem pouco tempo atrás eu fumava. Apesar de ter asma, entre idas e vindas, fumei por vinte anos. Não pense que sou só eu. O consultório do meu pneumologista está repleto de fumantes asmáticos. Todos idiotas? Acho que não. O cigarro é um vício irracional. Não é qualquer argumento que convence um fumante a enfrentar o pavor de parar de fumar. E a escolha pelo cigarro geralmente é feita lá atrás, quando é sinônimo de ser adulta e independente (ninguém manda em mim). Comigo foi assim. Felizmente, na minha penúltima crise de asma, não tive coragem de voltar. No começo – sei que é bizarro – eu só pensava em fumar. O cigarro coloca uma nuvem de fumaça entre nós e a vida. E os problemas. E o tédio. E a solidão. É difícil abrir mão disso. Mas é possível. E é uma vida infinitamente melhor.

E tem as drogas. Queria fazer a boa moça e dizer que nunca usei drogas. A verdade é que realmente nunca usei, mas experimentar, experimentei. Comecei pelo começo: a maconha. Fumei umas vezes, no último ano da escola. O suficiente para me colocar na minha primeira depressão. Mas, de verdade, eu não tinha gostado dela e, aparentemente, nem ela de mim. Pouca gente sabe, mas a maconha é uma das drogas mais perigosas para as doenças mentais. Depois veio a faculdade, onde a oferta se ampliou consideravelmente. Mãe, pula essa parte. Eu experimentei ecstasy (não me dei), lança-perfume e ácido. Mas não aderi a nenhuma delas.

Em se tratando de álcool, comida, cigarro, drogas e remédios, o importante é saber equilibrar o prazer e as consequências. Depois de contar tudo isso, estou parecendo muito equilibrada. Que nada, se bobear, eu encho a cara de *milk-shake*. Se eu acender um cigarro pra alguém, volto pros velhos tempos. E, se resolver beber só para comemorar meu aniversário, acordo achando que estou com chikungunya. Mas, além dos vícios em substâncias, tem o vício mais importante. O de fugir da gente mesmo. Porque curtir quem a gente é de cara limpa é o maior barato.

♡

Três terapeutas, uma paciente

Por mim, eu faria terapia todos os dias e descansaria aos domingos. Tem gente que me pergunta: "Terapia vicia?". Eu respondo logo: "Claro que não". Eu estou há 25 anos no consultório por vontade própria. Quando eu quiser, eu paro. Mas não tem pressa.

Confesso, com as bochechas vermelhas, que cheguei a fazer terapia três vezes por semana, com três terapeutas diferentes. Por acaso, três mulheres. Claro que uma não sabia da outra, senão este texto se chamaria "Três terapeutas e um funeral". Para mim, na época, foi o melhor dos mundos. Eu trabalhava o ontem, o hoje e o amanhã agora, ao mesmo tempo.

Sei que parece maluquice, mas essa combinação me ajudou a não ficar maluca. Cada terapeuta tinha sua função: a terapia cognitivo-comportamental me ajudava a organizar meus pensamentos e, em consequência, minhas emoções. Também me ensinou formas estratégicas de lidar com as situações da vida. A que seguia a linha de Winnicott me apresentou o "falso self" e a "mãe suficientemente boa", o que melhorou muito minha relação com a humanidade. Finalmente, a psicanalista freudiana me enfiou um graveto no peito e girou, me responsabilizando pungentemente pela minha vida, além de me fazer entender o impacto do passado e como deixá-lo para trás.

Mas, Bia, você não se embananava? Não. Eu ia somando. Por exemplo, uma vez briguei feio com meu marido. Ele realmente tinha jogado a merda no ar-condicionado. Desaguei a questão em todas as sessões, na mesma semana. Repeti três vezes a mesma história, que ia ficando cada vez mais elaborada. A cognitivo-comportamental me mostrou que a atitude do meu marido me feriu porque atingiu os meus valores, que eram diferentes dos dele. Me perguntou o que eu ganharia com a vingança e me ajudou a agir produtivamente. Freud me mostrou que a atitude do meu marido me bateu forte desse jeito, pois me remeteu à minha relação com o meu pai. E me lembrou o que, por um momento, eu tinha esquecido: o meu marido não é o meu pai. Winnicott destacou que eu precisava respeitar meus limites, que havia outras opções e que, em última instância, eu poderia me separar. Peguei um pouco de cada um, bati no liquidificador, fiz as pazes com meu marido e nossa relação saiu melhor do que antes.

Outro ponto importante: quem nunca fantasiou a respeito da vida do terapeuta? Eu tinha simplesmente três pra vasculhar. Primeiro, não sei se é uma coincidência ou se há alguma explicação, mas todas elas tinham um gato. Só soube disso porque, em consultas on-line, os felinos pulavam na frente da câmera. Eu adoro gatos. Desde que seja no Google Meet. Mesmo com elas atendendo virtualmente, de suas casas, não deu para descobrir muita coisa sobre cada uma. Que mania de sentar na frente de uma estante de livros impossíveis de serem identificados!

Só para ser justa, vou contar que já fiz, em outros momentos, terapia junguiana e também uma linha chamada "um pouco de cada". Psicodrama e Lacan estou deixando pra próxima leva.

Eu sei que o que faço é quase ilegal. Sei que sou *heavy user* do estudo da mente. Mas, na minha opinião, em se tratando de se conhecer, não há dose máxima. A minha linha preferida? Para mim, terapia é que nem filho: amo todas igualmente. Já não faço mais esse cambalacho, e as terapeutas nunca souberam dessa história. Agora sabem. Mas acabei ficando com só uma delas. Então lhe digo, querida terapeuta, você é única, você é especial, e só não vou dizer seu nome para as outras não ficarem chateadas.

♡

Psicossomágica

Chamamos de doença psicossomática a manifestação física de uma questão emocional com a qual a mente não consegue lidar.

Asmático é um prato cheio para conselhos. Só perde para quem tem depressão. Eu tenho asma desde sempre, mas só quando tenho gripe. Por incrível que pareça, não há ansiedade que me bote sem ar. Além da recomendaçãozinha básica – natação e homeopatia –, as pessoas insistem em me olhar com uma carinha de "Eu sei que você não quer aceitar, mas se você não equilibrar o emocional primeiro, ou seja, meditar, fazer acupuntura, reiki, tomar remédios antroposóficos seis vezes ao dia, beber suco de amora com gengibre em jejum, ingerir cápsulas de orégano, tomar um banho de jasmim colhido à meia-noite e, principalmente, passar a entender que você tem afetos ocultos mal resolvidos, você vai continuar com asma. A escolha é sua".

Antes, quando a gente tinha uma crise de pânico, tinha que mentir no pronto-socorro dizendo que estava com pressão alta, já que um episódio emocional pegava mal. Hoje, quando chegamos enfartando no hospital, nos dão um Frontal. Não se pode mais ter uma dor de dente sem ser de fundo emocional.

Veja bem, eu sou praticamente formada em Psicologia. São 25 anos enlouquecendo terapeutas. Eu me expresso escrevendo, desenhando, cantando e falando para todo mundo o que estou passando e sentindo. Não sobra nada aqui dentro para escapar para o corpo, porque a mente já botou para fora primeiro. Se preciso, eu até entro em depressão. Mas a depressão é uma manifestação emocional de uma questão emocional. Ela não é psicossomática. Ela é psicopsicológica.

A verdade é que eu não curto curtir a doença. No primeiro lampejo de ar nos meus pulmões, eu já saio pra dançar. No primeiro sinal de melhora, eu me meto a cantar. A ver os amigos.

A fazer as malas e viajar. Sim, tenho minhas mazelas, mas me dou o direito de aproveitar os intervalos entre elas. E somar o psicológico, o corpo e a alma é sinal de saúde.

♡

CAPÍTULO 4

Emagrecimento

Como cheguei aos 100 quilos e voltei pra contar

Vulnerabilidade, aqui vamos nós. Pouca gente me viu obesa. Quase que nem eu mesma, já que eu fugia de espelhos em geral. E se hoje eu boto essa história na rua é para, quem sabe, ajudar quem se identifique com ela.

Eu nunca havia me preocupado com meu peso. Era simplesmente magra, de uma família de magros. Eu já passava dos 25 anos quando comecei a tomar remédios para depressão. Fui sentindo mais fome, então fui ler os efeitos colaterais. Por que nunca são "alisa o cabelo, seca a barriga e dá tesão"? Em vez disso, estava lá: "queda de cabelo, aumento do apetite e diminuição da libido". Mas não tinha jeito. Eu precisava deles naquele momento. Com o tempo, meu apetite começou a aumentar e fui perdendo totalmente o controle. Fiquei anos sem ter a menor ideia de como escapar dessa.

Vamos alinhar uma coisa. Tem gente que é saudável, se sente bem, e fica mesmo bem com o peso maior. Infelizmente, não era o meu caso. Eu, particularmente, não gostava de estar gorda. Dormia mal, quando meu filho derrubava uma uva no chão eu preferia morrer a ter que pegar, parecia sempre que eu estava subindo as escadarias de Machu Picchu (ofegante e prestes a enfartar) e minha fruta preferida era sorvete de morango. A hora de me vestir era trágica. O guarda-roupa foi ficando todo preto e largo, porque eu vivia escondendo partes do corpo que foram ficando esquisitas. Eu nunca sabia se naquela semana estaria vestindo 44 ou 48. Não usava tomara que caia, usava tomara que caiba. Passava a evitar ao máximo sair em fotos, me escondendo atrás de crianças indefesas e cachorrinhos fofinhos. Subia na balança de costas para o médico anotar o peso. "E não ouse me contar, que vai estragar minha semana". O Instagram passou a só ter fotos do meu filho ou de paisagens lindas, para não acharem que eu estava tão miserável quanto de fato estava.

Concordo que existem várias coisas que podem colaborar para engordarmos. Problema na tireoide, ansiedade, gravidez, vida corrida, não saber cozinhar e os tais remédios. Mas a real é que, em última instância, eu comia mais do que precisava. Beeeem mais do que precisava.

E, se eu não conseguia comer só o que precisava, então eu não tinha controle sobre o que comia, certo? Nesse caso – lamentei me informar –, eu era compulsiva alimentar. É muito difícil admitir que temos esse problema. Mas foi só a partir desse reconhecimento que consegui lutar contra ele. Quantas vezes me enganei, jurando que comia pouquíssimo, que não ligava para doce e me sentia injustiçada pelo mundo por estar engordando? Quantas vezes, com esses argumentos, posterguei e agravei o problema? Eu até comia salada e grelhado, mas estava mais para um pé de alface com um litro de azeite. O verdadeiro "olho gordo".

Eu tinha a nítida sensação de que, quando todos dormissem, meu marido fosse para o trabalho e meu filho, para a escola, eu poderia comer o que quisesse, que não seria contabilizado. *Drive thrus* variados faziam parte da minha rota. Vamos combinar que é difícil a gente ter compulsão alimentar por repolho. A gente tem compulsão por todos os tipos de farinha (menos a de linhaça), leites gordos e condensados com chocolate em pó. Pizzas inteiras, pastéis e muitos sanduíches com maionese verde. Eu não repetia, "tripetia". Tive a fase convicta: "Eu estou bem, faço esporte, é uma questão de padrão de beleza". Concordo que o padrão de beleza de hoje em dia é exageradamente magro. Mas não tinha a ver com isso, infelizmente. Tinha a ver com ter autonomia e controle da mente, que controla a boca, o corpo e a autoestima.

Foi muito tempo de sofrimento, de abuso de pessoas que achavam que me criticando, humilhando e apelidando iriam conseguir me fazer emagrecer (ei, você acha que com esse tamanho todo eu ainda não percebi que estou fora do peso?). Muito tempo de *legging* e camisão, de dietas com chia e água com limão para azedar o começo do dia e de muitos sapatos sem cadarço para não ter que me abaixar. Tem muita gente que faz piada de gordo, que desmoraliza, que incomoda. Isso se chama gordofobia, que é preconceito e intolerância com pessoas que têm sobrepeso. Não é nada legal. Por mais que eu não me sentisse bem acima do peso, sempre tive respeito pelo meu corpo e pelo das outras pessoas, independentemente de suas características.

Felizmente, me indicaram uma clínica realmente séria, cuja proposta é tratar a cabeça com terapia em grupo, aliada a uma dieta simples, mas controlada nos gramas. Eles me acolheram, mas acolher não quer dizer passar a mão na cabeça. Muito pelo contrário. É impor limites claros para quem deixou de conseguir estabelecê-los há muito tempo. Todas as desculpas são dadas para justificar comer: "Eu adoro isso", "Hoje eu mereço", "É dia de comemorar". Sem contar quando comemos as dores e as frustrações. E dá medo. Medão. Eu já indiquei a clínica para um monte de gente. Algumas foram, nem todas persistiram. A compulsão é um impulso das entranhas do ser humano. Não do estômago. Do cérebro. E se privar dela é como ter a chupeta arrancada. A naninha doada para o irmão mais novo. Dói. Mas é imensamente libertador depois, e o resultado não tem preço.

Hoje estou m-a-g-r-a. Peso algumas dezenas de quilos a menos do que quando comecei a dieta. Foram cerca de dez anos entre começar a engordar, ficar realmente obesa e hoje. Sinto que voltei a viver, que resolvi um problema que tinha tomado minha vida de mim. Muita coisa melhorou. Reaprendi a andar de bicicleta, minha saúde ficou zero bala, minha autoestima está insuportável. Pulo na frente da foto e em seguida posto no Instagram. Fui do tamanho 48 para o 38. Tive que refazer meu guarda-roupa inteirinho, só sobraram os lenços. Conheci a inveja alheia. Lembrei que eu também sentia inveja de quem emagrecia. Fiz uma mala com as roupas grandes. Dizem que eu deveria jogar fora, mas ainda não quis. Se um dia engordar, ter que comprar tudo de novo será terrível. Mas não vou engordar se mantiver o tratamento para sempre. Sim, "para sempre" é assustador, mas é uma doença como hipertensão. Tomo os mesmos remédios engordativos de antes. A fome e a compulsão seguem iguais às do 1º dia da dieta. Só porque eu sou magra e como quinoa em todas as refeições não quer dizer que não pense em cobri-la com Nutella. O que mudou foi minha cabeça. Minha vida toda teve que ser revista. Meu relacionamento, minha vida profissional, a maternidade. Tudo estava distanciado de mim por um palmo de gordura. Por um véu de vitimização. No entanto, sei que o desafio maior vem agora, depois de ter perdido peso. Não esmorecer, seguir lutando, todos os dias. Porque a melhor coisa do mundo é estar no controle. E vestir M na Zara também não faz mal a ninguém.

♡

Como voltei dos 100 quilos, a continuação

Depois de ter chegado aos 100 quilos e voltado para contar, decidi relatar com mais detalhes como isso aconteceu.

Quando eu já tinha desistido de perder os muitos quilos que eu havia adquirido nos últimos anos, uma amiga da pesada como eu apareceu mais magra e alegrinha sacudindo um iogurte zero açúcar, o que, intimamente, me deixou com uma inveja profunda.

Ter engordado por conta de remédios para depressão me fez entrar em depressão, e eu não tinha ideia de como sair desse ciclo infernal. Engordei porque deprimi ou deprimi porque engordei? Era assim que eu me justificava quando encontrava alguém que não via havia algum tempo: "Pois é, tomei uns remédios que me fizeram engordar". E fazia cara de coitada. Foi com esse discurso que entrei na tal clínica de emagrecimento que essa mesma amiga indicou, quando eu perguntei qual era a mágica.

Eu já havia tentado algumas dietas à base de gastar fortunas no Mundo Verde, cortar o glúten, a lactose e a felicidade. Eu até perdi 3 quilos e cheguei a me achar linda. Anos depois, me dei conta de que a humanidade só perceberia que eu tinha perdido algum peso a partir dos 10 quilos. Mas o fato é que comer batata-doce com canela em jejum não foi sustentável por muito tempo, e eu voltei de braços abertos para a batata-palha.

Eu tinha me matriculado na academia e, devido ao advento do *personal trainer* do bom papo, estava me exercitando para valer. O resultado foi a melhora das minhas taxas de colesterol e de glicemia e das dores nos joelhos, mas nada em quilos ou diminuição do corpinho.

Tem gente que engorda no bumbum. E tem gente que engorda na barriga, como eu. São quase espécies diferentes. Ambas acham que estão do lado mais desfavorecido. Eu tenho certeza de que estou. Passei a seguir *influencers plus size* e não me identifiquei nem com elas. Todas com cintura e o corpão de contrabaixo. Tudo caindo bem, supersensuais. E eu de bata, disfarçando meu abdômen avantajado com duas perninhas finas embaixo.

Mas voltemos à clínica de emagrecimento. Cheguei toda trabalhada na pena de mim mesma e nas desculpas por ter embalofado. Foi então que me disseram a primeira verdade que mudou minha vida: "Querida, você engordou porque comeu". De fato, os remédios não têm calorias. Mesmo assim, eu fiquei indignada. "Mas eu quaaaase não como. Aliás, me alimento superbem. Eu como arroz, feijão, carne, legume, salada, fruta, macarrão, chocolate, pudim, pedra..." "Pois é, você comeu." A nutricionista me passou uma dieta bem simples, fácil de comprar em qualquer supermercado, instruções muito claras e uma balança pequenininha. Eu olhei para ela e pensei: "Eu não caibo aí". A nutri então disse: "A partir de agora você vai pesar tudo que comer". Oi? "Se tiver 2 gramas a mais de papaia, você vai jogar fora." Que desperdício, meu Deus. Lembrei envergonhada que, com essa desculpa, eu comia os restos do prato do meu filho constantemente. A partir daí, parei de pensar tanto no que iria comer e segui a regra obstinadamente. A parte que mais me apavorou foi como eu iria me organizar. Como iria separar a minha comida e a da minha família? Como enfrentaria os almoços de domingo? Como ia fazer para cozinhar, se preciso de receita até para fazer café com leite? Ok, eu tenho alguma habilidade no miojo amanteigado e no arroz com ovo, porque foi o que eu comi nos períodos em que morava sozinha e a grana era curta. Mas isso não entrava na dieta. Por sorte, a Graça, minha parceiraça aqui em casa, súper me ajudou nessa.

Aprendi que me programar era o segredo do sucesso. Estar com fome na rua às 16h era certeza de que eu me jogaria no pão de batata. Aprendi que teria que me afastar de programas que me expusessem a comida, tipo um churrasco ou uma happy hour, pelo menos no começo. Que a energia para me manter abstêmia era gigante e que, depois de uma festinha infantil, a chance de fazer besteira era enorme. Que passar na frente de um *fast food* significava *fast fodeu*. Percebi que muitas vezes não pensava, botava pra dentro. Rápida e ansiosamente. Enchia a cara, literalmente. Eu tinha um diagnóstico: compulsão alimentar. Muita gente vai embora nessa hora. Eu adoro dar nome às coisas. Se tenho um diagnóstico, quer dizer que tenho um tratamento. Afinal, eu prefiro ser compulsiva alimentar a ser bola, balofa, Peppa Pig e por aí vai.

Percebi que eu tinha tanta compulsão alimentar que onde estava escrito "lua de mel" eu lia "pão de mel". Que eu não pedia o café, pedia o canudinho de chocolate que vinha junto. Aprendi que dieta não tem feriado e que isso é menos ruim do que parece: #cinturinhapáscoasemovo + #natalsemrabanada = #verãosemroupão.

As pessoas me falam: "Agora tá bom de emagrecer, né?". Dá vontade de responder: "Fofa, alguma vez eu disse pra você que estava bom de engordar? Não. Então cada um cuida do seu peso corpóreo, por favor".

Emagrecer pode parecer apenas diminuir alguns números da calça. Mas para mim foi casar de novo com meu marido, me tornar uma mãe mais disposta, perder o medo de ir a festas, reencontrar os amigos, me sentir capaz de me expressar através da escrita e, o mais importante, retomar o controle da minha própria vida.

♡

Dr. Morte

Quando eu falo do meu emagrecimento brutal, parece que eu sempre estive acima do peso. Eu era bem magra até o momento em que perdi a mão (ou a boca). Eu poderia insistir que engordei por causa dos remédios. Na maior parte é verdade. Por conta das questões psiquiátricas, comecei a tomar um medicamento chamado Olanzapina. Para se ter uma ideia, em uma conhecida faculdade de medicina existe o título "Miss Olanzapina", para se referir à menina mais gorda do ano. De um mau gosto e de uma crueldade atroz, mas somente para exemplificar o poder desse remédio.

Eu engordei rápido. Sabe aquele lance de, em determinado ponto, parar de comer a musse de chocolate porque enjoou? Eu não tinha mais esse senso e raspava o pote, não o prato. Meus exames estavam alarmantes, eu tinha dores variadas pelo corpo, suava mais do que tampa de marmita, roncava de espantar pernilongo, subir escada era um desafio. Definitivamente, eu não era feliz desse jeito.

Então, depois de anos, decidi que aquilo iria mudar. Em vez de continuar tendo pena de mim por ter chegado àquela situação, resolvi procurar ajuda. Não acertei de cara. Como todo mundo que quer emagrecer, eu passei por poucas e boas até conseguir.

Primeiro, tentei tomar um moderador de apetite, o caminho mais curto. No primeiro dia senti uma dor excruciante na cabeça. Deitei no chão do meu trabalho achando que eu estava com um aneurisma. Não preciso dizer que não continuei a tomar o remédio.

Depois congelei a gordura abdominal em uma clínica de estética. Só que era tanta gordura, que eu precisava entrar em um *freezer* para que fizesse efeito.

Experimentei a dieta da sopa da USP. Qualé, USP? Não pode ser saudável passar dias à base de sopão e banana.

Fui para a pioneira dieta da proteína. As que se seguiram foram se tornando mais razoáveis, mas, na minha, a gordura estava liberada, desde que eu esquecesse de vez o pãozinho na chapa. Eu podia comer ovos com *bacon* no café da manhã e uma picanha inteira no almoço, desde que não fosse acompanhada de arroz. Obviamente, não deu certo.

Então, entrei na moda, e tudo que eu comia era uma cópia esquisita de alguma coisa. O macarrão era de arroz; o leite, de amêndoas; o pão, de mandioquinha. Até que cansei dessa vida de aparências.

Tomei o suco verde, o suco rosa, o suco do arco-íris todo (exceto o suco de laranja, que virou coisa do diabo).

Tentei emagrecer com exercícios. Apesar de sofrer muito para malhar naquela forma, passei a me sentir bem. A balança, no entanto, só subiu, devido à massa muscular que eu estava ganhando. Gordura? Não perdi nem um grama.

De saco na lua, inventei que ia fazer a dieta da lua. Em cada fase eu podia comer uma coisa. Minguante, só frutas; crescente, só grãos; lua cheia, hortaliças. A verdade é que acabei comendo tudo, menos a lua. E, no final, acabei engolindo a lua também.

Ainda não estava em alta o jejum intermitente, mas tenho certeza de que, naquela época, eu não passaria mais de duas horas sem um lanchinho.

Agora, o pior que eu já fiz foi ir a um médico conhecido por Dr. Morte. Médico caro e procurado, eu estava realmente animada. Ele era famoso por prescrever fórmulas bombásticas para emagrecer. O apelido era assustador, mas, naquele ponto, para mim era perder aqueles quilos ou a morte. Dr. Morte era um senhor grisalho, bonito e sedutor (tipo Michael Douglas). Ele olhou nos meus olhos e disse, convincente: "Uma menina tão linda como você não pode ficar gorda". E completou: "Magina, Bia, a gente vai resolver isso". "Vem cá, querida." Ele começou a escrever a tal fórmula com mais de vinte itens no papel. Eu arregalava o olho e ele continuava. Perguntei se não era muita coisa. Ele seguiu na mesma linha: "Magiiinaa, amor". Mandei fazer a poção. Só faltava vir com uma caveirinha no frasco. Quando eu estava cheia de esperança e pronta para aquela aventura, minha mãe soltou: "Não é melhor você submeter essa fórmula a um médico de verdade?". Ela, irritantemente, quase sempre tem razão. Mandei a prescrição para o meu clínico geral. Deu cinco minutos e ele me ligou. Basicamente me disse que a fórmula emagrecia, simplesmente porque você morria, daí o apelido do médico. Tinha laxante de deixar qualquer colonoscopia com inveja. Diurético para me tornar um damasco seco. Moderadores de apetite que me levariam à anorexia. Uma forcinha extra pro aneurisma. Foi o sinal. Eu tinha que parar de correr atrás de milagres e me tornar o meu milagre.

Engatei aquele processo sério de acompanhamento nutricional e terapia de apoio. Aprendi a controlar meus impulsos na mesa e na vida. As pessoas acham que ser magra é natural para mim. Não é. Quem me vê assim não vê as bombas de chocolate a que eu resisto.

Meus exames estão ótimos, as dores sumiram. Para a alegria do meu marido, eu não ronco mais. Subo escadas correndo e assobiando. Estou feliz. Passei a sentir mais frio e até pra praia eu levo um casaquinho. Não dá pra ter tudo.

♡

CAPÍTULO 5

Maternidade

Se você é mãe, leia este capítulo para ver que está indo melhor do que pensava. Se você é pai, vai entender por que mãe é mãe e o resto é pai. Se você ainda não tem filhos, leia com calma, para refletir antes de tomar essa decisão. E todos os outros, parem de frescura e leiam logo, pois, no mínimo, vão dar boas risadas (de mim, é claro).

Gravidez ou bullying da natureza?

Tem gente que adora ficar grávida. Abusa de camisetas justas, já que a barriguinha de chope deixa de ser um problema, exibe o silicone natural, faz ensaio fotográfico usando tutu de balé, desenha uma *happy face* de batom na barriga e bota Bach para o lindinho ouvir. Ou seja, fica plena.

Admiro muito essas pessoas, mas comigo é bem diferente. Para mim, gravidez não é doença, é uma doença grave, daí o nome, "gravi-dez". Temos que ir ao médico toda hora e viramos, imediatamente, prioridade, junto com idosos e deficientes.

Veja bem, eu amo insuportavelmente meu filho, desde quando ele era um embrião. Mas, na gravidez, eu tive de tudo. Desafiei o livro *O que esperar quando você está esperando*, sugerindo novos sintomas. Não ficava mareada – me sentia em um caiaque no meio de um tsunami. Me dá uma dor de dente, mas não me dá um enjoo. E, na verdade, não se preocupe em me dar nada, não. O fato é que pega mal você não ser a deusa da fertilidade quando está barriguda. Já ouvi que o problema era eu não aceitar a gravidez. Ah, é? Então por que eu fiquei um ano fazendo teste de ovulação e plantando bananeira? Depois que a princesa Kate Middleton foi internada de tanto botar os bofes pra fora, eu relaxei. Devo ter sangue azul, pensei.

Uma vez uma amiga me perguntou na porta da escola: "Querida, que barriga linda. Como você tá?". Eu: "Grávida, né, amiga..." E ela: "O que você tá sentindo?". Eu: "Você tá livre até o Natal?".

Eu suava esperando o elevador, tinha dias que eu sentia uma dor de cabeça dilacerante, como se estivessem enrolando o cordão umbilical no meu cérebro. O Tylenol já não me aguentava mais. O nariz ficou meio entupido desde o começo da gravidez. Foi aí que descobri que existia a sinusite gravídica, que complementava a dor de cabeça se fundindo no topo da testa. Lindo.

O melhor foi uma inflamação que eu tive na articulação sacroilíaca do lado esquerdo, coisa essa que eu nem sabia que existia, veja você. Aparentemente, era consequência do alargamento do quadril, um dos bônus da gravidez. Achei que era dor na lombar, depois no cóccix... Ô dor difícil de achar. O fato é que eu fiquei mancando por um bom tempo. Levantava da cadeira ou da cama com menos facilidade do que a minha bisavó. E a dor refletia, veja que iluminada. Ela começava assim como um beliscão no bumbum, uma bola de tênis na virilha, dava um choque no culote, pegava o quadril como um todo, vinha descendo calmamente pela perna, dava um oi pro joelho e arrebentava no tornozelo, apoteótica. Mas não ficava só por aí, não. A dor também subia, me desencaixando lentamente até a cabeça. A sensação que eu tinha era de que o ombro esquerdo tinha colado na orelha e, na nuca, havia um chihuahua que me mordeu e não desgrudou mais. Dorflex? Miosan? Que nada, você tá grávida, minha filha. Vai fazer alongamento e vai feliz.

As noites eram maravilhosas. Acordava tantas vezes para fazer xixi, que já não sabia se usava a fralda da criança ou se passava a dormir sentada na privada com um rolo de papel higiênico como travesseiro.

Refluxo, gases e arroto viraram rotina e fizeram um bem danado para o meu casamento, como você pode imaginar. Mandam a gente buscar uma nutricionista e se alimentar bem para ajudar no desenvolvimento do bebê. Durante um mês ele se esbaldou com Chicabon, a única coisa que meu estômago aceitava. Depois pegamos horror do picolé. O mês seguinte incluiu palmito, azeitona e limonada. Não durou muito. E fomos assim, com a alimentação equilibrista, nada equilibrada.

Tive que parar meus ansiolíticos, antidepressivos e toda a turma das receitas controladas. Em se tratando de uma bipolar, isso não é nada bom. Além de ficar com o humor esquisito, passei a colocar homeopatia dentro do floral e regar com fitoterápicos. As pessoas passam a mão na barriga e dizem: "Já te amo, meu filhinho". E eu dizia: "Nasce logo, moleque, senão vai direto pro colégio interno". Fiquei mais íntima da drenagem linfática do que da minha melhor amiga. Dividi a piscina aquecida do clube com senhorinhas de toucas floridas. Fiz pilates só para não ficar por fora. Meu umbigo virou um donut. E o nariz de batata foi só um brinde da mãe natureza.

Com tudo isso, você me pergunta: "Você faria tudo de novo?". Ter o meu filho foi a coisa mais incrível que me aconteceu. Valeu cada chute na costela. Ele às vezes me enlouquece, mas é a minha pessoa favorita. Então, respondendo, se eu faria tudo de novo? Claro que sim, desde que venha com a cegonha.

♡

A maternidade nos tempos do iPhone

Quando minha mãe foi mãe, ela tinha um telefone fixo que tocava duas vezes por dia, uma TV que só pegava a Globo e o SBT e o supermercado pra fazer.

Enquanto eu dormia, minha mãe fazia ponto-cruz, testava uma nova receita, folheava a revista *Manchete* e, possivelmente, cochilava. Muita coisa mudou. A demanda que nós, mães, temos hoje é bem diferente. Já faz algum tempo que eu tive meu filho. Dizem que a gente esquece, né? Eu não esqueci.

Se antes as mães tinham baby blues, hoje temos baby furta-cor. Nenê plugado no peito, nós plugadas no WhatsApp, tentando salvar o mundo enquanto botamos pra arrotar. Sem falar no Instagram. Eu não sabia se postava, curtia, comentava ou trocava a fralda. Ligava a Netflix e tinha nove séries na lista, incluindo aquela ótima sobre maternidade real. Aqui estava mais para maternidade surreal. Não ia ao supermercado, mas ficava brigando com o app do supermercado, que dava pau toda vez que eu escrevia Aptamil.

Eu amo loucamente meu filho. Com ele, rio e choro do fundo da alma. Mas gravidez... Sei que tem muita gente que adora, mas eu, particularmente, prefiro que me deem dez filhos, um cachorro e uma calopsita pra criar a uma barriga. Meu pé parecia uma bisnaguinha, muito calor e noites maldormidas, me preparando para o que viria depois (a natureza é mesmo sábia). Nasceu o bebê. Eu queria um parto lindo, natural e astral, já tinha uma doula e estava tudo programado. Mas não rolou. O que rolou foi a cesárea, que pareceu uma luta de boxe que eu perdi. Aliás, quem não pediu ou chegou a pensar em pedir para ficar mais um diazinho no hospital?

Amamentação, para mim, não foi um sonho. Veja bem, se fosse duas vezes por dia, seria ótimo, mas oito, nove, dez? De madrugada? A falta de sono é um dos principais gatilhos para as crises bipolares. No final deu ruim, claro, mas demorou um tempinho. A depressão pós--parto pode acontecer até um ano depois do nascimento da criança. Felizmente, meu cérebro se sensibilizou com o fato de eu estar me esfolando e me deu seis mesezinhos de serotonina.

Mesmo com as dificuldades, amamentei por quatro meses. Foi ficando legal. Mas ficar em cativeiro nesse período foi tenso. Não beber e não fumar pode ser difícil. Não comer chocolate, impossível. Ter que faltar na aula de balé *fitness* foi chato, mas ir dançar e molhar o *collant* de leite foi "uó"! Fazer terapia on-line no *bunker* não é a mesma coisa. Manicure em casa, um dia animado. Parquinho: babás, bebês e bactérias. Ninguém para conversar, já que o bebê não fala, mas pelo menos escuta. E como escuta.

Me mandaram dormir enquanto ele dormia. Como? Bem naquela horinha em que eu podia fingir que era gente e que até dava um branco: "O que fazer com todo esse tempo livre?". Aí o bebê acordava. Estava assado. Eu tinha certeza de que era uma péssima mãe, sensação que sabia que ia ter mais umas mil vezes, pelo menos, nos próximos vinte anos. Mas na verdade eu era (sou) uma ótima mãe, porque ótimas mães se importam tanto com seus filhos que se acham péssimas mães.

Aí a minha mãe chegava. Dava vontade de voltar para a barriga dela. Ela virava o bebê de lado, ignorando a Organização Mundial da Saúde, tentava dar suco de laranja-lima para o recém-nascido (segundo ela, é bom pro intestino), pegava o umbigo que tinha acabado de cair e botava na geladeira, jogava talco no bebê, cortava sua unha, dizia que eu estava indo muito bem e vazava para o *spinning*. Ah, as avós nos tempos do iPhone.

Meu marido saía pra trabalhar (leia-se descansar). Eu desejava um bom dia, ele sorria, eu pensava em como ele era sortudo, sorria de volta e me imaginava jogando um sapatinho de bebê na nuca dele. Os maridos de hoje em dia são bem mais participativos do que os da era da TV de tubo. No entanto, o mundo insiste em elogiar o homem que troca uma fralda, dá um banho, bota pra dormir. "Ah, como ele ajuda... Ele é uma mãe." Como se não fizesse parte da vida dele cuidar do próprio filho e ele estivesse dando uma supermão para a mãe da criança.

Durante o dia o bebê chorava, depois de dez minutos eu chorava, mandava um zap para o pediatra (será que é cólica?), trocava seis fraldas de cocô, tirava foto da fralda e mandava para o pediatra (essa cor tá normal?). Eu já tinha passado Bombril e lanolina no seio, que rachava assim mesmo, chorávamos mais um pouco, dormia com o bebê no colo, acordava exausta. Mas quando ele sorria, tudo passava, meu coração derretia e eu sabia que faria de tudo para ele sorrir sempre. Então pegava o iPhone, tirava uma foto daquele sorriso e postava no Instagram. Só para parecer que eu estava tirando tudo aquilo de letra.

♡

O puerpério de Dante

Já contei um pouco da minha experiência de me tornar uma *new mom*. Mas achei que um texto só era pouco pra contar os pormenores desse momento tão especial.

Como se não bastasse tudo o que eu senti na gravidez, no último mês fui abençoada com uma diarreia-vaporeto (já que estamos falando sobre quase tudo, vamos parar de cerimônia e entrar nos detalhes sórdidos). O resultado disso foi que eu me desidratei e o líquido amniótico secou. Todo dia eu visitava o obstetra e seu ultrassom, rezando para que o bebê seguisse nadando feliz, como na capa do disco do Nirvana. A ideia era que ele nascesse o mais maduro possível (e se pudesse, quem sabe, fosse direto para a faculdade). Para passar o tempo, eu fui descobrindo os aniversariantes músicos dos prováveis dias de seu nascimento. O fato é que ele nasceu um dia depois do Paul McCartney (aaaah) e um dia antes do Lionel Richie (ufa), fazendo companhia para o nosso Chico Buarque, no dia do cinema nacional. Com uma mamãe escritora e um papai compositor de trilhas para cinema, caso ele queira ser advogado, vai ser a ovelha negra da família. O fato é que, quando ele tinha 37 semanas e 6 dias, o obstetra nos mandou direto pro hospital.

A coisa toda não saiu muito como eu imaginava. Na minha cabeça eu visualizava Maria Gadú tocando no Spotify, eu sentada pulando numa bola de pilates – o que sempre achei muito divertido – e muita cromo-aroma-cristaloterapia. Você já sabe, não rolou. Na sala de pré-parto estávamos eu e minha família inteira (que não é pequena) ansiosas pelo nascimento do primeiro bebê do pedaço. Minha irmã tirava *selfies* sem parar #vempratitia. A enfermeira me furou na lateral do pulso (que lugar do mal!) e eu soltei um impropério. Minha mãe achou que era o momento de me educar. Só sei que lá pelas tantas eu soltei muitos outros palavrões e expulsei toda aquela gente da sala. Ainda ouvi um deles falar: "O mundo dá voltas". Eu sei, o meu estava prestes a dar mortais.

O anestesista era tipo um comediante do *Zorra Total*. Quando foi aplicar a anestesia na base da minha coluna, não só errou duas vezes como soltou: "Agulha mole em mulher dura, tanto bate até que fura! Rê, rê, rê". Me deu uma vontade louca de enfiar aquela anestesia um pouco abaixo da base da coluna dele. Rolou um parto à brasileira. Cesárea, luz branca na cara e família se acotovelando pra ver o rebento. Levaram meu filho e meu marido para algumas horas na UTI neonatal (o bebê é como a mãe, gosta de causar). O bizarro, na verdade, foi que, acabado o parto, encostaram a porta da sala, apagaram a luz e me deixaram um século esperando sozinha no escuro. Eu tinha passado pela experiência mais alucinante da minha vida e me deixaram de castigo olhando pro teto. Lá pelas tantas, comecei a gritar: "Ei, oi, tem alguém aí? Acabaram de abrir minha barriga, sou mãe há cinco minutos e vocês esquecem de mim?". Depois parti pros palavrões (só para confirmar que minha mãe não mandava mais em mim). Até que uma enfermeira de bom coração entrou no quarto e me informou que a maternidade estava cheia e que a enfermeira-chefe viria me liberar assim que possível. Não vou dizer que foi naquele hospital com nome de físico pra não ficar chato.

Minha família ficou um tempão me esperando no quarto e, como eu não chegava, foram almoçar. Quando apareci, não havia ninguém lá. Tudo bem que eu sou independente, mas tem limite. Graças ao bendito celular, resgatei meu pessoal.

Algum tempo depois, me levaram o Antônio. Acomodado nos meus braços, olhei pra ele, fascinada. E confusa. Fui buscando o que eu estava sentindo no rol dos meus sentimentos. Felicidade plena? Hum... Maior amor do mundo? Talvez... Apaixonada por aquela carinha? Isso, sim. Medo? É isso! Medo! Medo pra dedéu!

Par de dias depois, fomos pra casa. Era julho, estava frio e eu o fantasiei de esquimó. Hoje vejo as fotos do bichinho suando, com as bochechas vermelhas, e quero morrer. Mãe de primeira viagem é uma sacanagem pra criança.

Na primeira noite, o fofinho não pegava o peito. Chorava. Não. Se esganava. É impressionante como, no desespero, a gente perde a cerimônia. Meu marido dava beliscões no bico do meu peito tentando encaixá-lo na boquinha do safado, que, por sua vez, fingia que ia mamar e depois cuspia o mamilo. Como a nossa barriga, romance é uma coisa que só volta depois de muitos meses. Quase enlouquecendo, eu disse ao meu marido: "Que se dane, baixa na farmácia e compra uma lata de leite em pó". Tropeçando no próprio pé, ele saiu em direção à nossa salvação.

Algum tempo depois, ouvi a porta batendo e quase pude escutar a respiração entrecortada do papai, de pé na cozinha, tentando entender as instruções da latinha. Bom, ele apareceu com a mamadeira. Dei pro neném e ele mamou. Só que teve um detalhe. Na latinha dizia: "Coloque uma medida rasa de pó em 200 ml de água filtrada". Não vou julgar meu marido, que estava dando o seu melhor, mas o gênio pegou a colherzinha-medida, que tinha um copinho de um lado e uma pequena saliência para apoiar o dedo do outro, e constatou que a medida funda era o copinho, e a rasa, a pequena depressão para o dedinho. Não preciso dizer que o menino tomou água com um toque de leite em pó, o que não saciou sua fome e fez com que ele gritasse a noite inteira. O que eu posso dizer? Foi uma grande estreia.

Mas ainda havia esperança. Minha mãe tinha nos presenteado com uma enfermeira no primeiro mês, garantindo as noites de sono, principalmente as dela. Só que a fofa deu *no show*. Nunca liguei tantas vezes para um número. Nada. Minha superavó nos deu uma baita força, mas ela também precisava de uma força. No terceiro dia meu telefone tocou. Era uma tal de Maria de Fátima, enfermeira, segundo ela, amiga da que desertou. Ela levava o nome da minha mãe, o que já parecia um indício de que tinha vindo dos céus. Ela veio conversar comigo. Muitíssimo simpática, era especializada em gêmeos. Tinha carro, podia levar para visitar os avós e ressaltou que fazia relatório dos cocôs. Tem melhor que isso? Ela sacou uma foto, que estava mais para um cartão-postal, e mostrou as duas criaturas divinas de que ela havia cuidado no seu último trabalho. Um casal de crianças lindas e bochechudas. Ela, ruivinha de olhos verdes, e ele com cachos loiros e olhos azuis, de ficar pequeno pro anjo Gabriel. O nome deles? Beatriz (eu) e Guilherme (*my husband*). Minha avó caiu de joelhos e bradou emocionada: "Obrigada, meu Deus". Obviamente, ela pedia uma fortuna, mas, naquela altura, eu estava disposta a tudo. Fátima deixou um contato para que eu pegasse sua referência e se foi. Eu estava um pouco embaralhada devido à *rave* que estavam sendo meus últimos dias. Eu tinha amado a enfermeira, mas ela era tão perfeita, que fiquei com uma sensação de sei lá o quê. Mas, só de pensar na possibilidade de uns cochilinhos à tarde, afastei qualquer desconfiança da cabeça. No dia seguinte, liguei para a referência dela, a Letícia. Ela falava maravilhas da Fátima, mas tinha uma voz meio adolescente. Então me deu uma luz: "Ô Letícia, lindos os seus gêmeos, hein? Qual o nome deles, mesmo?". Ela fez uma longa pausa e soltou: "Vanessa e Caíque". Bati o telefone e voltei para a Pampers, resignada.

Tudo isso não foi fácil para mim e não é fácil para ninguém. Ao contrário do que pensam alguns, licença-maternidade não é férias. Mas, mesmo com injeção no cóccix, mamadeira de água em pó e Mary Poppins *fake news*, a álgebra que me desculpe, mas não existe conta mais perfeita do que 1 + 1 = 3.

♡

Bebê 2.0

Senhor Deus, boa noite.

Primeiramente, queria te parabenizar pelo belo trabalho que vem fazendo e agradecer imensamente pelo bebezinho maravilhoso que mandou para nós.

Se me permite a ousadia, gostaria de dar um *feedback* e propor algumas melhorias para as novas versões de bebês que irão nascer.

Vamos começar pela função "soneca". O senhor já poderia programar de fábrica o soninho contínuo do bebê. Afinal, ele precisa descansar. Essa programação básica desde o começo evitaria que a gente comprasse os livros *A Encantadora de Bebês*, *Nana, Nenê* e *12 horas de sono com 12 semanas de vida*, que foram escritos por pediatras do Terceiro Reich. Nossos pobres coraçõezinhos não nos permitem colocar as orientações em prática direito, fazendo com que não funcione porra nenhuma.

Outros itens que o senhor também poderia acertar na versão beta:

- Nasceu, cortou o cordão, caiu o umbigo. Não precisa deixar o umbigo apodrecendo durante dez dias, com a gente tendo que limpar três vezes ao dia com álcool 70% e depois ainda ficar na dúvida: "Jogo fora ou guardo?". Adianta essa pra gente, vai!
- Já pode vir inteiramente vacinado. Na primeira vez que meu filho tomou vacina, foi um chororô. Meu, é claro.
- Intestino pronto. Nesse ponto, Vossa Divindade poderia perder um pouquinho mais de tempo e acabar logo com essa história de intestino imaturo, gases e cólica. Uma pessoa tão perfeccionista como o senhor não vai deixar passar uma coisa mais ou menos dessas, né?
- Botão corta-soluço.
- Função autolimpante.
- Tela de LED dizendo o que está sentindo: fome, sono, frio etc.
- Em relação ao choro, um botão de volume não iria mal, ou, quem sabe, até um *mute*.
- O senhor poderia resolver essa história do nosso peito doer, empedrar, o bico rachar, sangrar, cair (!!!). Toda mãe viria com um bico de silicone acoplado e o seio com medidor em ml, para a gente ter certeza de quanto eles mamaram.
- Assadura: não, obrigada. O bumbum já pode vir com Bepantol passado de fábrica.
- O pipi, pode mandar modelo Velho Testamento, por favor. Assim a gente não tem que ter essa discussão lá em casa.

» Os dentes podem nascer de um dia para o outro, e não precisa mandar em duas prestações: dente de leite e definitivo. Aliás, faz um favorzão? Já manda sem os sisos.

» Unha: pode ter, mas precisa mesmo crescer?

Se eu lembrar de mais alguma coisa, te mando um Whats.

Grata,
Bia

♡

A maternidade nos tempos do iPad

Todo mundo sabe que não existe manual para cuidar de um bebê. Mas eu também estou atrás de um curso on-line pra criar um menino de 9 anos.

Às vezes lamento secretamente que o meu filho tenha passado da idade aceitável de ter uma babá. Mas, às vezes, sinto uma felicidade imensa por estar presente no dia a dia dele. Tem horas que minha fantasia é colocá-lo na perua escolar. E tem horas que o que eu mais amo é conversar com ele no carro depois da escola. Tem dias que eu tenho certeza de que o "terrible two" continuou até o "terrible nine". E tem dias que eu fico espantada ao ver como ele não está dando mais trabalho.

Um dos grandes desafios dos dias de hoje é o mundo da tecnologia. E não dá nem pra pedir conselhos para as nossas mães. Se antes tínhamos um tempo controlado para ver TV, hoje estimulo meu filho a sair do iPad e se jogar no sofá para assistir a um desenho. Desculpe, um *anime*. Por quanto tempo vamos resistir aos pedidos deles para fazer um canal como os dos youtubers, com falas frenéticas e cheias de gírias que não entendemos? Quanto tempo por dia podemos deixá-los aos berros, jogando com os amigos on-line? E TikTok, pode ou não pode? Quando dar um celular e poder tirar, definitivamente, o Pokémon GO do nosso aparelho?

Tem um outro desafio dessa idade que não tem a ver diretamente com a criança. Porta da escola e WhatsApp da classe dão mais trabalho que eles. E a logística? Tem dias que eu não sei se pego no judô, levo à festinha, vou ao cabeleireiro ou luto contra o aquecimento global. O cardápio aqui em casa também é um desafio. Pelo meu filho, ele almoçava Oreo e jantava Frutilly. Brócolis ficou para a próxima encarnação.

Perdi as contas de quantas vezes fui pega de surpresa com respostas sagazes, que me deixaram sem saber o que dizer. Como nós, nossas mães também passavam por isso. Só que elas tinham à mão duas frases que resolviam a questão: "Não responda pra sua mãe" ou "Você está muito respondona, menina". E, se fosse a geração das nossas avós, ainda davam um tapinha na boca da criança atrevida. Hoje, isso tudo não cola mais. Então somos obrigadas a pôr nossas cabeças pra pensar para lidar com nossos respondões (ô, geração inteligente). Só que, muitas vezes (na maioria delas), as respostas são tão elaboradas, que a gente acaba ficando com cara de quem tomou um tapinha na boca. Veja:

Certa vez, muito brava e sem saber o que fazer, enlouqueci: "O senhor está sem videogame, sem celular, sem casa de amigo, sem ovo de Páscoa (em agosto) e sem... e sem..." E sem vida, né, querida? O que você vai fazer com esse moleque em casa agora? Bom, ele não se fez de rogado e respondeu de bate-pronto: "Se você fizer isso, mãe, eu me dou para a adoção". O que dizer?

Um dia ele estava muito quieto. Pensei: brigou com algum coleguinha ou perdeu no Fortnite. Sentei delicadamente na beira da cama e perguntei: "O que foi, meu amor?". Ele respondeu: "Perdi a vontade de conversar com a minha mente". Oi? Congelei um meio sorriso e a minha mente parou de conversar comigo.

Ainda tenho o hábito de dizer "A mamãe já volta". "A mamãe vai fazer um macarrão pra você". "A mamãe vem te buscar às 15h, tá?". Um dia ele me disse: "Mãe". Eu: "O quê?". Ele: "Fala na 1ª pessoa, por favor".

Tem coisas que nossos filhos dizem que dá vontade de congelar o tempo e mudar a língua portuguesa. Eu pedia para ninguém corrigir, para ainda ter um tempinho daquela fofura. Mas, de repente, o *compitador* virou computador, *gengibula* evoluiu pra gengiva, *orletã* pra hortelã e *baumilha*, infelizmente, se tornou baunilha. Sem contar com o ar-condicionado de cabelo, que, para meu lamento, virou secador.

A gente está sempre pedindo pra eles fazerem do nosso jeito, dando ordens e estabelecendo regras. Mas, finalmente, aprendi que o lance não é moldar nosso filho, mas, sim, descobrir quem ele é.

♡

Mãe bipolar

Apesar de as palavras maternidade e bipolaridade rimarem, elas não combinam muito bem. Uma das partes mais difíceis de ser bipolar é ser uma mãe bipolar. Variação hormonal e bipolaridade não são muito amigas. Pense na TPM. Se você é mulher, pense na sua TPM. Humor irritável, sensibilidade, choro, insônia, fome e por aí vai. Agora pense em mim. Chore por mim. Liga pra mim, porque eu não vou estar nos meus melhores dias.

Logo que eu fui diagnosticada, uma médica muito perspicaz me recomendou suspender meu ciclo. Tem gente que acha o fim, mas, para mim, foi o melhor começo.

Se a TPM para uma bipolar já é difícil, imagine a gravidez. Flutuam os hormônios, flutua o humor. Flutua o humor, flutua a decoração do quarto do bebê (cinza ou amarelo fosforescente?), flutua o casamento: "Você vai ser o melhor pai do mundo, meu amor!" e em outro momento: "Olha aqui, garoto, você vai fazer o curso de Shantala, queira você ou não!" (tudo com exclamação mesmo). E, finalmente, flutuam os nomes do bebê, mas isso acontece na sua casa também.

Para me consolar, eu dizia para mim mesma: "Bia, você vai ser a mãe que puder ser". E, pensando bem, todas nós somos as mães que podemos ser, não é? E se a gente não se sente a melhor mãe do mundo, será que as mães não bipolares se sentem sempre as melhores mães do mundo? Bom, quem sabe disso são os filhos.

As mães bipolares também trazem algumas vantagens. Muita empatia e conhecimento profundo sobre sentimentos e emoções. Elas têm um olhar atento para entender seus filhos, identificar suas dificuldades e acolhê-los, como nem sempre foram compreendidas e acolhidas.

Se eu queria ter mais filhos? Queria. Se eu faria diferente? Ô! Fico encantada quando vejo mães falando do prazer de amamentar. Eu amamentei meu filho até os 4 meses. Enfrentei madrugadas, com uma dose considerável de sacrifício. Se eu tivesse outro filho, sairia do hospital com uma lata de leite em pó debaixo do braço. E pediria, para quem pudesse, que enfrentasse as noites por mim, já que a privação de sono é o pior gatilho para uma crise bipolar. Não é o ideal, mas acho que é preferível uma mãe inteira a uma mãe em pedaços. É difícil contar tudo isso, mas eu adoro contar coisas difíceis de contar. Certa vez, morrendo de culpa, perguntei ao pediatra sobre não dar de mamar: "E os anticorpos, doutor? E o vínculo com o bebê?". Muito tranquilo, ele respondeu: "Bia, tem gente mais saudável do que eu e você juntos que nunca pegou num peito. Não é porque você não vai amamentar que não vai ter um laço forte com o seu filho ou que ele está fadado a ter bronquiolite". Lembrei que eu mamei até um ano e meio e batia ponto no PS.

O baby blues, um período de instabilidade emocional, é comum à maioria das mães. Graças aos hormônios, dizem que o cérebro é o último órgão a voltar ao normal. Até mesmo depois da barriga. A depressão pós-parto é uma realidade frequente na maternidade bipolar, sobretudo para as mães que não estão bem protegidas pelos medicamentos, já que é um desafio encontrar os que não impactam na formação do bebê ou na qualidade do leite materno. Quem tem depressão pós-parto, muitas vezes, sofre preconceito. Se o deprimido pode ser considerado preguiçoso, vagabundo e fraco, imagine a mãe que não se dedica – na verdade, não consegue se dedicar – ao filho? Que mãe é essa que não dá banho no próprio bebê? Que não quer amamentar? Que não leva ao parquinho?

O Transtorno Bipolar é geneticamente transmissível. Meu filho herdou meus olhos castanhos e o rosto arredondado. Herdou meu amor pelas artes e o bom humor. Mas essa possível herança às vezes me dá medo.

Tem momentos que acho que eu não sou uma boa mãe. Vejo minhas amigas indo tão bem, amando amamentar, dizendo que estão cansadas, mas felizes, e penso: "Por que comigo não foi assim?". Mas elas não tiveram um *baby blues* depressivo-bipolar, não é mesmo?

O fato é que enfrentei tudo isso com todas as minhas forças. Cada fio de energia que eu tive foi para cuidar do meu filho. E no último Dia das Mães ele me fez uma cartinha dizendo: "Mãe, você é a melhor mãe do mundo". Se ele está dizendo, quem sou eu para duvidar?

Um grande desafio para as mães bipolares é decidir se contam ou não seu diagnóstico para os filhos. Se já é difícil os adultos entenderem, como isso é processado na cabecinha de uma criança? E o que falar quando estamos em crise? Crianças são espertas, se ligam em tudo. Devemos disfarçar o choro? Eu não sou muito boa de disfarces. Uma vez, eu estava chorando discretamente enquanto arrumava o meu quarto. Ele já tinha visto aquela cena outras vezes, mas dessa vez me perguntou: "Mãe, por que você está chorando?". E eu respondi: "Porque às vezes eu tenho vontade de chorar, filho, assim, sem motivo. Não tem nada a ver com você, tá?". E ele respondeu calmamente: "Mãe, não tem problema chorar. As lágrimas secam". Imediatamente minhas lágrimas arrumaram um motivo para rolar: emoção.

Com tudo isso, você quer saber se valeu a pena enfrentar a maternidade com a bipolaridade? Valeu mais que tudo nesta vida. Meu filho é sensível, empático, bom amigo, criativo, artístico, divertido... O que dizer? Puxou à mãe.

♡

Mãe, hoje eu entendi

Quando eu era pequena, eu só queria comer porcaria. Todo dia, não só nos fins de semana. Chokito, guaraná, Chambinho, DipnLik, chiclete Ploc (que muitas vezes eu engolia) e, finalmente, as balas Soft, aquelas duras com um furo no meio, que escorregavam pela garganta e eram o terror das mães. Mas você não deixava. Eu dizia que você era boba e tomava bronca. Eu dizia que você era chata e ficava de castigo. Eu chorava, dizia que ia morrer de fome e que a culpa era sua. E você me disse que um dia eu ia entender. Hoje, meu filho quer comer Nutella de colher, balas Fini, Cornetto do unicórnio (azul!) e Kinder Ovo no café da manhã (alegando que é ovo). E eu não deixo, claro. E ele faz um escândalo. É duro de aguentar. Dá vontade de desistir e deixar ele se esbaldar, só para parar de reclamar. Mas aí eu me lembro de você. De como você segurava firme. E digo não. E vou comer Kinder Ovo escondida no meu quarto.

Quando você não me deixou ir a uma festinha à noite, eu quis morrer. A turma toda foi. Minha melhor amiga foi. E principalmente aquele menino de olhos verdes foi. Como você pôde fazer isso comigo? Como você conseguiu me deixar no quarto chorando de sombra roxa? Mas você me disse que um dia eu ia entender. Meu filho me pediu, outro dia, para ir a uma festinha à noite. Eu disse não. O que que é isso? Cedo demais. Então eu entendi.

Você me pedia para te avisar quando eu chegasse. Confesso que eu não avisava e ainda mentia: "Eu te avisei, você que não lembra". Você dormia mal e tinha que se levantar para ver se eu estava dormindo. Não havia celular para mandar mensagem, rastrear a localização, ligar no desespero. E, no café da manhã, você apelava para a minha compaixão. Você me disse que um dia eu ia entender. Meu filho um dia vai chegar tarde. E eu vou acompanhar cada passo dele pelo celular, até não conseguir mais ficar acordada. Vou obrigá-lo a mandar mensagem para me avisar quando sair de onde quer que ele esteja e avisar quando chegar (vai estar programado aquele som de notificação histérico). E, às vezes, ele vai me enganar, é claro. Como eu enganei você. E eu vou implorar, no café da manhã, para que ele não faça mais isso comigo. E ainda vou dizer: "Um dia, meu filho, você vai entender".

♡

Fru-fru

Numa sexta-feira dessas fui buscar meu filho de 9 anos numa balada neon. Luzes coloridas girando freneticamente numa pista de dança improvisada na sala de estar. Eu, que tenho labirintite, entrei de óculos escuros. Ao encontrá-lo, notei que ele estava com um fru-fru simplesmente divino no pulso. Quem viu *Flashdance* sabe o valor de um fru-fru multicolor metalizado. Antes de dar oi, mamãe pediu gentilmente que, depois da festa, ele lhe desse o adereço. Só que o filhinho respondeu de bate-pronto: "Nem que a pau, mãe" (ele fala desse jeito fofo mesmo). No dia seguinte, voltei a dar uma de piduncha. Para a minha tristeza, recebi logo uma negativa. Mas era uma questão de tempo, uma hora ele ia ceder. Mais tarde, fomos a uma festa de um amigo meu. Só para me irritar (interpretação minha), ele carregava no pulso o objeto reluzente. Era um acessório um tanto histérico, mas meu filho é autoconfiante pra caramba. Então, em um ato de pena e sadismo, ele propôs me vender o fru-fru. Nem respirei e topei. Naquele momento, ele podia pedir uma espada original do Naruto vinda do Japão que eu estava disposta a dar. Em vez disso, ele pediu 40 reais, mas me deu 25% de desconto (condições especiais pra família), deixando por 30 reais, conta que a mamãe ficou orgulhosa de vê-lo fazer. Voltamos para casa e eu dormi com o coração feliz de quem sabia que no dia seguinte seu rabo de cavalo ia brilhar.

    Era domingo. Estávamos hospedados na minha mãe. Alguns irmãos e sobrinhos vieram visitar. Eu estava na cozinha roubando ilegalmente um pedaço de colomba pascal (era meio-dia e meia, tsc, tsc), quando meu fofo adentrou o recinto e soltou animado: "Mamãe, eu dei o fru-fru pra Laurinha" (uma priminha linda de 3 aninhos). Eu: "Qual fru-fru?". Ele: "O brilhante". Mamãe: "O meu fru-fru?". Por um instante, minha vista escureceu e um calor menopáusico subiu pelo meu pescoço. Ele estava feliz em me mostrar a sua generosidade, e eu, cega, ignorava os laços sanguíneos e só queria enforcá-lo. Eu até podia ficar um pouco chateada. Eu sou humana. Mas em vez disso dei um piti. "Eu te dou tudo, meu filho, tudo. Eu só queria o fru-fru e você deu pra sua prima. Sinceramente, não me peça mais nada..." E saí marchando como uma criança mais nova do que a Laurinha. No quarto, caí num pranto. Como ele pôde fazer uma coisa dessas com a própria mãe? Tentando protegê-lo da minha insensatez, o pai o levou para dar uma volta. No carro, meu filho ligou para a mãe da amiguinha da balada neon, para ver onde ele podia, pelo amor de Deus, descolar outro exemplar. Para seu desespero, o fru-fru havia sido comprado na América do Norte.

    Quando ele voltou, veio direto falar comigo. Eu assoava o nariz compulsivamente, de tanto chorar. Eu o chateei mais um pouco perguntando o porquê de ele ter feito uma coisa dessas comigo. Ele me explicou. Como minha sobrinha fofa tem pouco cabelinho (uma bochecha loira de olho azul), meu filho justificou sua atitude dizendo: "Mãe, eu quis mostrar a ela que ela pode usar um acessório de cabelo como as outras crianças, só que no pulso". Lindo, não? Qualquer mãe que se preze se encheria de orgulho. Mas, como uma mãe imatura e sedenta por vingança, esbocei meio sorriso e disse: "Tá, vai brincar pra lá". Já não havia mais nada a fazer. Agora era seguir a vida sem fru-fru mesmo. Você acha que eu superei a questão? Em autoflagelo, fiquei me imaginando com um rabo lateral cintilante, gritando pelos anos 1980. Passados alguns minutos, fiz meu último ato de desvario. Entrei no quarto do meu filho, que de cabeça baixa montava um Lego, peguei uma mola maluca que estava na mesinha e, balançando-a no ar toda troncha, disse com voz rapidinha: "Você não quer trocar essa molinha, que você nem usa mais (menosprezando), pelo fru-fru?". O coitadinho pulou do chão que nem um gato, passou a mão na mola e saiu correndo para tentar corrigir o maior erro que cometeu em sua curta vida. Só sei que ele voltou com o fru-fru. Eu o enfiei no braço, sequei as lágrimas e lhe disse: "Eu te amo, meu filho". Ele, então, reergueu as costas curvadas pelo peso da minha loucura e ainda disse, me fazendo arder em culpa: "Ficou lindo em você, mamãe". Pronto, questão resolvida com uma boa conversa. Afinal, eu sou adulta.

♡

Pedra sobre pedra

Muitas vezes me orgulho da mãe que eu sou. Mando lanches saudáveis na lancheira, levo ao dentista a cada seis meses, acolho, mas não passo a mão na cabeça. Mas em outras vezes...

Minha irmã nos convidou pra ir a uma loja de pedras incrível, que tem na puta que o pariu, em São Paulo. Meu filho sempre amou pedras. Sabe o nome de cada uma (crisoprásio?) e ainda tem a habilidade de sentir sua energia só de segurá-las.

Só que, naquele dia, ele estava mais a fim de ir à casa da avó. Não era exatamente um desejo puro, pois ela havia prometido levá-lo a uma banca, com um generoso vale-tranqueira. Mas eu achei que aquela era uma grande oportunidade para o vidente dos seixos praticar seu dom, então o obriguei a ir. Ele aceitou. Para falar a verdade, ele ficou puto (eu sei que estou falando muito palavrão hoje), mas o arrastei. Afinal, quem manda aqui sou eu.

Na loja, aconteceu o que se esperava. Ele ficou louco. Parecia que tinha comido uma caixa de DanTop. Foi enchendo uma cestinha de plástico com pedras, como se estivesse em um hortifrúti. Aquela cesta estava valendo o mesmo que o meu MacBook, já que ele não dispensou as safiras e esmeraldas.

Quando eu vi, disse, categórica: "Esquece". Ele armou uma tromba maior do que a do começo. Largou a cestinha perto das dolomitas e saiu marchando pro segundo andar, onde estavam os objetos feitos de pedras.

Eu já havia separado um pingentinho divino de citrino e granada para mim mesma e seguia obcecada pelos massageadores faciais de quartzo rosa. Caminhando com os braços cruzados e a cara amarrada, de repente ele estacionou. Seus olhinhos brilhavam. Ele havia se deparado com uma extensa coleção de miniperiquitos esculpidos em pedras coloridas e empoleirados em pedras brutas. Realmente, tinham sua graça. Ele pegou as esculturinhas e sentiu... Alguma coisa ele deve ter sentido, porque seu rosto se iluminou como se tivesse encontrado ouro.

Pois bem, a partir daí ele dedicou horas em busca do pássaro perfeito. Enquanto eu escolhia um lindo porta-velas de ametista, a criança me aparece com a boquinha tremelicando, prestes a cair num pranto. Ele esticou as mãozinhas e estava lá. Uma pequena ave pétrea espatifada. Tentei acalmá-lo dizendo que, com certeza, todo dia alguém quebrava uma pedra por ali. Eu sei, era uma boa oportunidade para educá-lo. Assim como minha mãe me fez "pagar" o Yakult que sem querer se abriu e entrou na minha boca no supermercado. Logo me imaginei procurando um vendedor naquele hipermercado da mineração, mostrando o tal passarinho despedaçado, pedindo desculpas, meu filho pedindo desculpas, a gente indo até o caixa, dizendo que é débito e que não, não precisa de CPF na nota. Enquanto pensava nessa saga, avistei um porta-velas de âmbar. Todo mundo sabe que âmbar não é pedra, mas sim uma resina fóssil. Ou seja, estávamos falando de Pré-História. Foi então que eu cometi o ato falho (de falhar mesmo) e disse baixinho: "Filho, coloca ali no fundinho, que ninguém vai ver". Ele ainda rebateu, claramente mais maduro que eu: "Mas, mãe..."

No carro, voltamos quietos. Ele, envergonhado pelo ato antiético que cometera, impelido por esta mulher antiética. E eu, arrependida por ter dado aquele péssimo exemplo e, agora, por ter cometido este sincericídio. Mas é que, além de me ensinar a não abrir minileites fermentados no supermercado, minha mãe me ensinou a não mentir.

♡

A fono e a fala

Todo mundo sabe que, de modo geral, fono, físio e aula particular são um saco. Principalmente concorrendo com Lego e videogame. Meu filho recebeu a indicação de um tratamento pontual com um(a) fonoaudiólogo(a), para questões de leitura. Foi o começo de uma saga.

De cara, fiz o que toda mãe faria nessa situação. Saí desesperada atrás da fono perfeita. Pesquisei em todos os grupos de mães do WhatsApp, Facebook e Instagram, falei com a pediatra e ainda soltei a pergunta ao vento no cabeleireiro. Vai que... Meu truque para a escolha da melhor profissional é o seguinte: quando uma indicação se repete, se trata de uma boa candidata. Pois essa se repetiu cinco vezes, um sinal de que se tratava de uma fono de altíssima patente.

Você que é mãe sabe: uma vaga com uma profissional dessas é ouro. Com uma indicação quente, consegui uma ligação telefônica com a "deusa da fonoaudiologia", como disse uma amiga. Ela era tudo o que eu esperava e mais um pouco. Com 5 minutos de conversa, descreveu meu filho melhor do que meu marido descreveria. E ainda dava dois recibos.

Chegou o momento de acordar no meio da noite transpirando, me perguntando: "Vai ter vaga?". Não, claro que não. Então, entrei no final da lista de espera, resignada.

Passados três longos meses, recebi uma ligação. Era seu consultório me informando que havia acabado de vagar o horário das 20h15. Sim, é um horário bosta e eu ia perder *Pantanal*. Mas não importa, havia uma chance de o meu filho sair lendo Machado de Assis.

Comuniquei a ele que íamos fazer fono (atenção, para amenizar, "íamos"). Como se pode imaginar, a reação dele foi péssima. Mas, com 9 anos, ele não tinha muita escolha.

Sessão 1, a missão. A superfono surgiu na sala de espera, onde eu discutia com o meu filho exatamente sobre estarmos naquela sala de espera. Interrompemos a conversa para cumprimentá-la. Ele lhe ofereceu 1/4 de sorriso e eu, um sorriso largo, óbvio. Era importante conquistá-la. Muito simpática, ela disse com a dicção perfeita e a voz melodiosa: "Vamos lá, Antônio?". Ele balançou a cabeça para os lados e segurou forte no meu braço, para que eu entrasse com ele. Não teve jeito, "íamos" mesmo fazer fono. Nos acomodamos na mesinha infantil e ela começou a perguntar: "Você gosta mais de desenhar ou de pintar? De ler ou de escrever? Matemática ou Português?". E ele respondeu. Só que com mímicas. Muito esperto, ele sabia que a matéria-prima da fono era a fala. E ele não ia entregar a dele de graça. Ela propôs que ele fizesse um desenho de um passeio de que houvesse gostado. Mesmo com a cara fechada, ele topou. Pegou o lápis de cor e começou a traçar uma montanha-russa. Ela: "Que legal, Antônio, é o Hopi Hari?". Ele fez que não. Era o Beto Carrero World, mas ela nunca saberia. Constrangida, e temendo sermos cortados da seleta lista de pacientes, passei a sessão dando meio sorriso pra ela e olhares fulminantes para o danado. No fim, ele não tinha dado um pio. Dessa vez fui eu que apertei seu braço ao atravessar a porta.

Sessão 2, pequenas conquistas. Recepção, um oitavo de sorriso do infante e sua falsa mudez. E eu só faltei dar um abraço carinhoso na fono, para que me perdoasse. Obviamente, tive que entrar junto na sala. Vendo que eu seria figurinha fácil por ali, ela se conformou e propôs um jogo a três. Cada um tinha que pegar um cartão do bolo com uma pergunta. As perguntas deveriam ser feitas em voz alta e anotadas pelos demais jogadores, para serem reveladas no final do jogo. Ela começou: "Qual é a sua comida preferida?". Fácil:

todas. Depois de mim, chegou a vez do rapazinho. A expectativa de que ela ouvisse seu tom de voz pela primeira vez era grande. Ele pegou uma carta. Olhou pra nós por cima dela e a virou, com a intenção de que lêssemos nós mesmas. Só que, dessa vez, não deixamos barato. A fono disse que se ele não falasse não haveria jogo. Ele pensou e se manteve fiel ao seu silêncio. Então eu agi. Eu era a mãe e tinha que tomar as rédeas daquela situação. Cheguei pertinho dele e disse: "Ô, moleque, se você não começar a falar, pode esquecer que tem PlayStation". Foi um argumento simples e eficaz. Ele abriu os olhos e sussurrou: "Que esporte você mais gosta?". Não deu para ouvir e mal deu para fazer leitura labial. Olhei de canto de olho pra ele, que repetiu a frase rouco, mas um pouco mais claro. Já era um começo. A sessão seguiu assim, inteira no sussurro. Ele não escorregou uma vez. Consistente, o safado.

Sessão 3, ou vai ou racha. Já acordei apreensiva. Passei o dia introspectiva, pensando no que eu faria pra convencer o Charlie Chaplin a falar. Eis que a oportunidade bateu à minha porta: "Mãe, os meninos combinaram de jogar Fortnite às 22h30, porque tem um evento virtual que não dá pra perder. Posso? Por favooorrr". Eu nunca gostei de chantagem, mas às vezes ela gosta de mim. "Beleza, filho, mas com uma condição: você vai ter que se comportar hoje na fono". Nem dei mais detalhes. Ele respondeu: "Fechado". No elevador para a consulta, eu só disse: "Tá de pé?". "Tá". Então, tá. Resumindo, na sala de espera ele disse em alto e bom som: "Oi, tia Carla". "Eu tô bem, e você?". "Vamos, sim!". E entrou sozinho. Na saída, apareceu lado a lado com a fono, que apoiava intimamente o braço em seu ombrinho. Eu perguntei: "Como foi, filho?". Resposta clara: "Legal!". Dessa vez fui eu que fiquei sem voz.

♡

Burra de carga (mental)

Parte 1

Papai leva pra escola todos os dias. Que maravilha. Aparentemente, dividimos a função. A gente acredita nisso porque, afinal, tomar nosso café com leite em paz não tem preço. Só que a "função escola" não para por aí. O material escolar, de onde vem? O livro de inglês, pelo menos, veio de uma papelaria em João Pessoa, já que estava em falta até na *deep web*. E os uniformes? Rapidamente eles estão no meio das canelas, já que as crianças crescem mais rápido que grama. E tem as calças, que furam no joelho três vezes por semana. "É dia de educação física, mãe". Tá explicado. Lá vamos nós: armarinho + costureira + ele reclamando que ficou horrível + convencê-lo a usar porque não vamos comprar outra calça nem por um cacete (quase saiu esse palavrão na hora). Sem contar que eu nunca vi um grupo de WhatsApp chamado "Pais do 5º B". Em resumo, o pai pode levar o filho na escola todo dia, mas o bolinho de cenoura caseiro não entrou na mochila sozinho.

Você comenta com o seu marido, enquanto arrumam a cozinha: "O Matheus vai começar a natação". Resposta: "Legal". Só que, por trás da sua frase, rolou simplesmente o seguinte: para seu filho entrar na natação do clube, de cara, você precisa quebrar a cabeça para arrumar um horário na agenda do pequeno executivo. Tem que mudar a terapia dele, esperar a terapeuta conseguir um novo horário, que não é exatamente bom, mas você topa de qualquer jeito, porque, afinal, natação é um esporte completo. Aí você liga pro clube para conseguir uma vaga. Não tem. Vai pessoalmente implorar por essa vaga. Liga novamente pra checar quantas infelizes, quer dizer, crianças, ainda estão na lista. Finalmente, consegue o horário e faz uma dancinha comemorativa no carro. Temos que valorizar as pequenas vitórias. Em seguida, descobre que os amiguinhos do seu filho fazem aula no horário anterior. Acredite em mim: ferrou. Você pode até pensar: "E daí? Não podemos dar tanto poder para uma criança". Tá. Todos os coleguinhas dele vão sair rindo, de touca e marca de óculos, na hora que ele estiver chegando pra nadar com três menininhas de maiô florido. Quanto tempo você acha que vai demorar até ele empacar e você ter que empurrá-lo, disfarçadamente, pra dentro da piscina? Então você volta de joelhos até a recepcionista da natação, disposta a se humilhar. Essa problemática aí consumiu, além de muita energia mental, algumas horas/homem (no caso, horas/mulher). E, no final, o seu marido achou "legal" que o Matheus vai nadar *crawl*. Até rimou.

A verdade é que nosso cérebro não desliga nem na hora em que vamos ao banheiro no meio da noite, quando lembramos que acabou o papel-alumínio. Confesso que às vezes (três vezes por semana, mais ou menos) tenho vontade de enfiar umas Havaianas e ir vender coco em Caraíva.

♡

Burra de carga (mental)

Parte 2

O mais importante não é o marido dar o antialérgico pra criança e mandar colocar o aparelho. A questão maior é perceber que ela está com a rinite atacada, limpando o nariz na manga do casaco e apontando o lápis pra coçar os ouvidos. Aí é hora de marcar o otorrino infantil, buscar seu filho mais cedo na escola (não se esqueça de avisar a secretaria antes), levar ao Campo Belo e ainda enfrentar o menino apertando as narinas para a médica não enfiar o caninho da câmera. Em seguida, é preciso comprar os remédios, que, é claro, estão em falta na Drogaria São Paulo. Agora é só calcular os quinze dias em que ele tem que tomar o antialérgico, pingar o Nasonex e organizar os horários de tomá-los: de manhã, na hora do almoço (opa, vai ter que ligar pra enfermaria da escola) e antes de dormir. Ou seja, colocar o xarope na boquinha da criança é só a ponta do *iceberg*.

Agora, o aparelho. Fazer a sua filha botar aquele treco babado na boca é fácil. Ainda mais quando a gente grita pro papai: "Não esquece de botar o aparelho na Laurinha". A encrenca é perguntar para todos os grupos de mães se alguém conhece um bom ortodontista e rachar a cabeça para decidir se irá de Invisalign ou da tradicional tortura aramada. Tem que levar sua filha na consulta, convencê-la a deixar o tio fazer o molde, o que, inevitavelmente, vai dar ruim. Você vai acabar prometendo passar na banca pra ela escolher alguma coisa, rezando pra ser um picolé. Mas, acredite, não vai ser só um Rochinha. Aí, tem que parcelar o aparelho e fazer cara de choro quando souber que ainda tem a mensalidade. Agora é só tentar obrigá-la a usar, ameaçar cortar o *tablet* se ela perdê-lo na escola e ir todas às terças ao dentista apertar o aparelho. Resumindo: é bom que ela sorria bastante e que o seu marido passe a pôr um alarme no celular para lembrar de enfiar o aparelhinho na boquinha da Laurinha.

E no Natal? Depois de todo o caos do fim do ano, chega a noite da rabanada. Ao fim da ceia, trocamos os presentes. Nosso sobrinho, muito educado, vem agradecer a mim e ao tio pela lembrança que ganhou. Meu marido responde, carinhoso: "Que é isso, meu querido, você merece". Em seguida, é a vez da avó do meu marido agradecer pelo mimo que recebeu. Ele diz: "Imagina, vó, espero que a senhora use bastante". O detalhe é que ele não tem a menor ideia do que demos para o menino, que pode ter sido um livro ou um cigarro de maconha. E a vovó pode ter recebido uma vela aromática ou, quem sabe, um consolo. Esse com certeza ela vai usar.

♡

Cassoulet

Às vezes dizem que eu sou controladora. Se eu sou "control freak" é porque o outro lado é "descontrol freak". Nossas cabeças dão conta de tanta coisa, que não tem como não dar defeito de vez em quando.

É dia de pilates. "Ah, um tempinho só pra mim." Você tá no meio do exercício "glúteo stretch" e de repente pipoca no seu cérebro: "Esqueci de mandar a garrafinha de água pra escola". Nesse momento, você tem uma crisezinha de pânico, ignorando o fato de que, na escola, existem bebedouros. Você começa a suar, e não é por causa do exercício. Então, recobra a consciência no momento em que quase rompe um músculo do glúteo.

    Sábado. Menu: *cassoulet*. Uma espécie de feijoada metidinha que sua mãe mandou. Mais satisfeita do que deveria, você dá uma recostada. Bate uma leseira, você fecha os olhos e de repente cochila. Seu marido faz isso todo sábado. E domingo. Depois do que, 40 minutos?, você acorda assustada, perdida e, principalmente, culpada. E a louça? E a crônica que eu tenho que entregar na segunda? E o meu filho? Meu Deus, e o meu filho? Bom, a louça o marido lavou (na lava-louça, mas tá ótimo). O filho está assistindo *Homem-Aranha* 9 comendo pipoca com Nutella. A crônica está esperando você se equilibrar para continuá-la. Você respira fundo e pensa, em uma fração de segundo: "Será que eles não precisam mais de mim?". Meu Deus, desencana, mulher. Então, você resolve desencanar e volta pro sofá pra se entregar à cochiladinha. Antes de fechar os olhos, por um instante, você pensa, preocupada: "O que vamos jantar?". *Cassoulet*, minha filha.

CAPÍTULO 6

Relacionamento

Amor entre dois polos

Você compõe, eu canto
Eu escrevo, você lê
Você cozinha, eu como
Eu danço, você vê
Você na cama, eu na lama
Eu sonhar, você viver
Você, vinho e caviar
Eu, quinoa e meu chá
Eu agito, você tranquilo
Você, varanda, eu, cobertor
Eu, sussurro, você, grito
Você, janela, eu, corredor
Mesmo sós, seguimos juntos
Entre nós tem sempre assunto
Seja frio, seja calor
Falo logo, não enrolo
É assim o nosso amor
Um amor entre dois polos

♡

Premonição amorosa

Você vai achar que é mentira, mas eu escolhi meu marido por premonição. Antes de falar sobre esse momento mediúnico, deixa eu contar como cheguei até aí. Eu e minha irmã estávamos voltando da praia de Ipanema, quando passamos pela Igreja Nossa Senhora da Paz.

Nos demos conta de que estava prestes a começar a bênção de Santo Antônio. Corremos pra entrar, nos ajoelhamos lado a lado em frente ao santo e pedimos a ajuda dele. Nós já estávamos esbarrando nos 30 e havíamos terminado namoros que eram pra acabar em casamento. Juntas, naquele momento, do fundo dos nossos corações solitários, pedimos que Santo Antônio nos desencalhasse.

Pouco tempo depois, minha irmã foi morar em Londres. Por lá reencontrou um ficante de dez anos atrás. Pá-pum, começaram a namorar e foram morar juntos. Eu, aqui no Brasil, saía de uma depressão costumeira e fui visitá-la na Inglaterra. No segundo dia, tomando café da manhã na cozinha, perguntei ao meu novo cunhado: "Cara, você tem um irmão?". Ele: "Sim, por quê?". Eu: "Porque eu vou casar com ele". Ele riu e disse que ele não era exatamente fácil. Pensei: "E eu sou?". Ainda completei, toda trabalhada na mãe Dináh: "E vou trabalhar com vocês". Além de nos casar, dois anos depois montamos uma produtora de som.

Passei o resto da viagem perguntando coisas como de que tipo de sucrilhos meu futuro cônjuge gostava (Müsli não dá). Se preferia o Bozo ou o Fofão, essas coisas. Ainda anotava no meu caderninho, estilo "nunca te vi, sempre te amei". Em um tal dia, eu o conheci pelo Skype. Haviam me contado que a ex dele se chamava Beatriz, como eu. E por acaso meu ex se chamava Guilherme, como ele. Aliás, sempre adorei esse nome e dizia que, se não me casasse com um, daria o nome pro meu filho. Achei que era um sinal. Quando o conheci virtualmente, ele tinha um cabelo leonino, usava os óculos do Harry Potter e, às vezes, me chamava de "velho". Me apaixonei. Enquanto eu jogava uma conversa mole, minha irmã e meu cunhado, constrangidos, acenavam por detrás do computador, dizendo: "Nãooooooo..." Eu estava usando todo o meu arsenal. Passaram-se os dias, e ouvi meu cunhado pedindo à minha irmã, que logo voltaria ao Brasil, que levasse para o irmão dele um oboé armênio chamado Duduk (uma flautinha de madeira, na real). Eu pulei na frente e disse: "Eu levo!". Voltei para o Brasil e marquei de o Guilherme ir buscar a flautinha lá em casa numa sexta-feira à noite (não sou boba nem nada).

Na época, eu morava com uma amiga, e sexta era dia de a galera aparecer sem avisar. Ele me perguntou se haveria muita gente, porque era um pouco tímido. Eu disse: "Naummm, fica tranquilo". Na noite combinada, ele tocou a campainha, segurando uma garrafa de vinho, com o tal sorrisinho tímido. No meu apê havia mais ou menos vinte pessoas, tocava "Flashdance" e minha *room mate* usava polaina. E o que ele só soube no final da noite era que eu tinha esquecido a flautinha na casa da minha mãe. Ele entrou, conheceu o pessoal e começou a trocar ideia. Só que o cara era bom de papo e fazia amizade fácil. Além de tudo, se mostrou inteligente e falava de assuntos complexos. Após três *mojitos*, eu já não conseguia acompanhar. Eu tentava fazer um comentário esperto, as pessoas diziam "aham" e voltavam para o Gui. Eu estava deslocada na minha própria casa. Então, resolvi tomar uma atitude e botei meu batom vermelho. Avisei a todos que estava indo dançar e vazei. Sem entender nada, ele me ligou e perguntou por que eu o tinha deixado sozinho na minha casa. Eu fiz um trato com ele: eu daria a volta no quarteirão de táxi (pré-Uber) e só pararia se ele estivesse na frente do meu prédio e me desse um beijo, sem nem falar. Ah, e com o tal batom vermelho. Nem venha dizer que eu sou bipolar. Nesse caso fui louca, mas só porque eu quis. A verdade é que deu certo. A partir dali, não nos largamos mais. Seis meses depois, em um Dia dos Namorados, ele me pediu em casamento, com aliança, *fondue* e tudo o mais. Óbvio que eu já o tinha avisado, educadamente, que casaríamos em breve, mas ele teve a gentileza de fazer esse gesto romântico. Coincidentemente, minha irmã foi "pedida" em casamento pelo irmão dele no mesmo dia, sem que eles tivessem combinado. Acabei no altar, prometendo que o amaria, respeitaria e seria fiel na saúde e na loucura, na depressão e na euforia, na riqueza e no cheque especial. Fomos para Inhotim na lua de mel. Começamos a trabalhar juntos. Tivemos um filho que se chama Antônio, minha homenagem ao santo.

Depois de dez anos, ainda sou louca pela conversa difícil dele. Mas o primeiro ano de casamento não foi fácil. Depois de tanta preparação e expectativa, foi desanimador chegar a casa cansados, sem os hormônios do início do namoro, e requentar uma torta de frango assistindo ao jornal. Foi irritante perceber que ele colocava as latinhas vazias ao lado do lixo em vez de dentro dele. E, para ele, foi chato descobrir que eu deixava a janela aberta, convidando os pernilongos a entrar. Isso não tinha aparecido na premonição. Mas fomos encontrando o equilíbrio, e, durante esses anos, no fim, o amor sempre venceu. Porque, afinal, a vida em dupla tem muito mais graça.

Se pensar, não case

Ouça um bom conselho, que eu lhe dou de graça. Se puder, não case com:

- » **Fanático por futebol.** Quartas e sábados você não ficará em segundo plano. Você nem existirá.
- » **Surfista**. A menos que você não se importe de tomar três Rochinhas e quatro cocos em um dia, ler um livro de 300 páginas por fim de semana e ficar suando por horas, evite. Ah, e é bom adorar açaí.
- » **Músico**. Ou você está na frente do palco ou está em casa com ciúme. E é pra tá.
- » **Colecionador de carros antigos**. Se você não é apegada a ar-condicionado, a abrir o vidro com um dedo e a silêncio, você está no lugar certo.
- » **Baladeiro**. Você só vai vê-lo depois do meio-dia, de óculos escuros e tomando Gatorade. Um pouco depois, ele trocará o Gatorade pelo energético e, mais tarde, adicionará vodca a ele.
- » **Churrasqueiro**. Você pode até adorar uma linguicinha toscana. Eu adoro. Mas, via de regra, o churrasqueiro assa a carne e você pega a mostarda, o limão, a faca especial e ainda faz a maionese de batata e o vinagrete. E, é claro, arruma toda a bagunça, já que, afinal, quem cozinha não lava.
- » **Tarado**. Por mais que você se esforce no pijama de flanela, creme para olheiras, coque embolado e meia de bolinhas, ele vai te achar sexy.
- » **Filhinho da mulher**. Cortar as unhas, levar ao médico, comprar a Schweppes Citrus Zero que ele tanto adora e fazer cafuné pra ele dormir é só o começo.
- » **Supersensível**. Gosta de falar de sentimentos enquanto você está no banho. Chora vendo Marley e eu. Se você esquece de dar

boa-noite, ele acha que você não gosta mais dele. Cumprimenta as pessoas com um afago na nuca, olha bem dentro dos olhos e pergunta: "Como você está?".

» **Bipolar**. Tem o bipolar medicado e o não medicado. O não medicado pode dar um pouco de trabalho para tomar os remédios. O bem medicado vai te amar profundamente, vai ser sensível, empático e, provavelmente, será a pessoa mais criativa e interessante que você vai conhecer. Sem querer puxar sardinha pro meu lado.

» **Videogamer**. Todas as suas perguntas serão respondidas com "aham".

» **Harley-Davidson**. É bom você ter o traseiro acolchoado, não se importar com nós no cabelo e fazer xixi no posto Graal.

» **Pescador**. Acostume-se a acordar às 4h, tomar Vonau, beber repelente e protetor solar. Ah, e a saber diferenciar pacu de tomar no*.

» **Aventureiro**. Jipe, bugue, barraca e cachoeira serão a sua vida. Com esse, o Repelex também é mais importante que o amor que você sente por ele.

» **Rei do Gado**. Marcos e Belutti, Fernando e Sorocaba, ele e você. Cervejinha no copo americano, chapéu na cabeça e ele abrindo a porrrta pra você entrar.

» **Playboy**. Ano-novo em Trancoso, de camisa de linho com a manga dobrada, e, nos fins de semana, polo com seus colegas, de Ralph Lauren e cabelo brilhoso penteado para trás.

» **Maníaco por arrumação**. Muito pior do que um marido bagunceiro é um marido que pendura a sua toalha assim que você sai do banho e ainda balança a cabeça, te repreendendo, e diz: "ai, ai, ai".

» **Triatleta**. Você vai ouvir mais vezes a palavra Ironman do que seu nome, e é bom você achar bonito homem de bermuda de lycra e viseira.

» **Marombeiro**. Vai ter whey no feijão, e sua bunda vai ser sempre flácida pros padrões dele.

» **Fotógrafo**. Você sempre sairá sozinha nas fotos.

- » **Publicitário**. Vai ter sempre um drinque com a equipe no final do expediente, que acabará entre 22h e 5h da manhã.
- » **Escritor**. Se tirar por mim, seus leitores saberão dos podres dele e, de quebra, dos seus.
- » **Cult**. Ver filmes do Godard, assistir a peças *noir*, organizar a sua coleção de discos de vinil e frequentar exposições incompreensíveis será o seu dia a dia.
- » **Um homem que não tem hobbies**. O hobby dele será te encher o saco.
- » **Galinha**. Ponto.

Mas, mesmo assim, se o coração bater, se jogue. Afinal, não gostamos de assumir, mas estamos longe de ser perfeitas.

♡

Casamento é bom, mas é complicado

Não existe jeito mais fácil de amar e odiar uma pessoa do que se casando com ela. Tipo meu marido. Em um dia a gente acorda e eu o acho muito bonitinho, despenteado e com os olhinhos inchados. Aí ele vai ao banheiro, deixa o pijama no chão, a pasta de dente aberta e a luz acesa. Vai tomar café e fumar. Ódio profundo. Boto o pijama no cesto, pego a pasta, escovo os dentes e deixo a torneira pingando (sou fracota). Quando ele percebe, quer me matar: "Por que razão você não fecha essa torneira direito todos os dias?". "Pela mesma razão que você usa o desodorante e não devolve na cestinha, oras!". E as diferenças não param por aí. Eu decido trocar de brinco na hora de sair porque, de repente, aquelas argolas não combinaram com o decote canoa. Ele bufa. Ele quer ir de Havaianas ao shopping, eu proíbo. Vamos combinar que Havaianas e calça jeans só funcionam no Rodrigo Hilbert.

Casamento é muito simples. Para quem não é casado. Quando eu comecei a namorar, sempre que íamos da casa dele – em Perdizes –

para a minha – na Oscar Freire –, ele me perguntava o tempo todo qual era o caminho. Era a trigésima vez que ele fazia aquele trajeto. Eu tinha certeza de que estava me zoando. Casei com ele e percebi que era sério. Um dia, muito irritada por ele ter se perdido – se soltá-lo a algumas quadras da nossa casa e der a volta no próprio eixo, ele nunca mais volta –, eu perdi a paciência. Foi então que ele me disse: "Sabe aquela sua mania de perder as coisas e não conseguir achar? Então, esse é o seu chip queimado, o meu é o GPS". Naquele momento, eu entendi e aceitei com compaixão as nossas dificuldades.

Também temos nossos bons momentos. Rimos das piadas bestas um do outro, choramos juntos de tristeza e felicidade. Aprendemos a nos comunicar com o olhar. Quando estou mal – e posso realmente ficar mal –, ele sabe exatamente o que fazer. Um abraço, silêncio e a mão pra eu me levantar. E quando ele tá mal, eu também sei o que fazer. Bolo de chocolate, além do abraço e da mão pra se levantar.

Não casei com ele porque ficava um gato com a camiseta do *Poderoso Chefão*. Nem porque ele tocava piano e cantava, me fazendo disfarçar o choro. Muito menos porque ele me dava sempre o maior pedaço da pizza. Não. Me casei porque eu era – e ainda sou – capaz de ouvi-lo falar fascinada sobre qualquer assunto pela madrugada. A camiseta do *Poderoso Chefão* furou. As novas canções nem sempre são pra mim. E eu nem como mais pizza. Mas conversar com ele noite adentro segue ainda mais interessante do que no começo. Isso quando não acaba em discussão. É complicado.

♡

Já pode beijar o noivo

Confesso, de forma íntima e até polêmica, que meu sonho de garota não tinha a ver com maternidade ou vida profissional. Ser mãe e me realizar no trabalho faziam parte dos meus planos, mas meu maior sonho era casar. A razão não passava pelos filmes da Disney ou pelas mangas bufantes da Lady Di. Esse sonho tinha a ver – e ainda tem – com um profundo desejo de dividir minha vida com alguém.

De acolher e de ser acolhida. De cuidar e de ser cuidada. De amar e de ser amada. Tudo que eu queria para mim era uma casa, uma cama, uma mesa, uma TV, um filho, uma família, um lar.

Dez anos atrás, eu e Guilherme nos casamos, com separação total de bens e comunhão total de amor. Posso dizer que, felizmente, nosso casamento deu certo. Certo como todo casamento, com dias de sol e dias de chuva de granizo. Mas na nossa festa – e como em todas elas – nem tudo deu certo. E olha que não choveu.

Todo mundo sabe que em um casamento se gasta uma fortuna (como em uma reforma, os gastos vão surgindo), ele passa voando e, inevitavelmente, falta alguém nas fotos. Ah, e o bem-casado é quase sempre açucarado (não vem, não, Conceição). Apesar de a festa não ser a coisa mais importante para mim, achei legal celebrar essa tão sonhada passagem.

Hoje é comum que as pessoas, principalmente as mulheres, não mudem de nome. E já acontece de os homens adotarem o sobrenome delas. Legal. Pois bem, eu não só mudei o meu nome no RG como, a caminho da lua de mel, criei o e-mail bigarbato@gmail.com e esqueci de vez o biacunha82734@hotmail.com.

Outro dia, ouvi dizer sobre um casamento para 1.200 pessoas numa ilha em Angra, com show da Ivete Sangalo. Muitos iates e helicópteros, cabelo e *make* da noiva mais caros do que o solitário no dedo dela. Aliás, uma das cinco comemorações do enlace do casal. Como não celebrar em Paris, onde tudo começou? Impressionante, né? Mas tudo isso me fez pensar. O que fazer depois da euforia (histeria?) para levantar esse Rock in Rio Royal? O que vem depois da cama de pétalas nas Maldivas? O que fica após desembrulhar os copos de vinho de Borgonha? E, principalmente, como encarar um ao outro em silêncio, ela passando creme no cotovelo e ele cortando a unha com o Trim, sem ter mais que escolher as entradinhas? Você pode até dizer que eu estou com inveja. Do show da Ivete, estou mesmo. Mas, se o meu singelo casamento para 150 pessoas, feito em três meses, já me deu vontade de fugir com o próprio noivo, imagina só.

A festa do meu casamento foi perfeita em suas imperfeições e realizou o que eu sonhava: casar com meu grande amor. Ter me juntado oficialmente a ele em uma cerimônia coletiva na Praça da

República já teria sido bom. Mas a celebração do meu casamento foi muito mais do que isso. Ela aconteceu ao pôr do sol, em um cenário vangoghiano, com convidados queridos compartilhando conosco o nosso amor, comida boa, música de primeira e o tilintar de bebidas geladas e borbulhantes. Em seguida, um padrinho, DJ badalado, assumiu o som e virou uma balada inesquecível. Apesar de tudo isso, teve – e sempre terá – as cagadas. Afinal, apesar das melhores intenções, planejamento detalhado e altas expectativas, sabemos que perfeição não existe nem em Angra.

Para esta narração, selecionei nove cenas do meu casamento. Elas não têm como objetivo principal falar mal da minha própria festa (apesar de que vão). Não quero ser mal-agradecida com o que a vida me proporcionou e, muito menos, com as pessoas que deram a alma por essa comemoração. Também não ache que estou escrevendo para fazer *merchandising* de fornecedores. Não viaje. Mas a razão de ela existir também não é celebrar o amor. Resumindo, eu não sei qual é a deste texto, mas estou tentando fazer uma introdução, para depois não ficar mal com ninguém.

Cena 1: o vestido e a caganeira

Como toda boa noiva tende a ser mimada, me aproveitei disso e resolvi comprar meu vestido em Nova Iorque. Eu tinha uma prima na cidade, então raspei as minhas milhas e fui. Em uma loja tipo a do reality *O vestido ideal*, experimentei alguns modelos brancos. Qualquer coisa entre as Kardashians e a Virgem Maria. Eu não estava na minha melhor forma, mas encontrei um que serviria (ok, só faltava perder dois quilinhos). Só que o voo de volta era hiperubereconômico (era preferível ter pegado um Uber) e fez escala na Venezuela. Fiquei algumas horas no aeroporto de Caracas e, claro, além de vontade de fazer xixi, me bateu uma fome. Como se eu estivesse numa Casa do Pão de Queijo, não pensei duas vezes e devorei um enrolado de queijo e presunto. Chegando ao Brasil, mais uma grande ideia: resolvi fazer uma aula experimental de *spinning*, na tentativa de já me livrar dos malditos dois quilinhos. O resultado foi que, na segunda música frenética e piscante, eu saí vomitando e segui direto para o hospital.

Eu havia pegado uma bactéria tropical. Até o casamento, essa situação se repetiu algumas vezes. Resultado: os dois quilinhos viraram menos quatro quilinhos, eu entrei no vestido, mas comi filé de frango grelhado com purê de batatas no meu próprio casamento.

Cena 2: papai, a pizza e o calculista

Muita gente fala que eu sou a "queridinha do papai". Os mais maldosos ainda dizem que ele teve uma filha e ela tem três irmãos. Eu já havia enfrentado doses do ciúme paterno, quando apresentei o punhado de namorados que eu tive antes de casar. Mas nada havia me preparado para o que veio a seguir.

É verdade que eu só namorava havia alguns meses. Meu futuro marido, muito do fofo, resolveu "pedir a minha mão" (e tudo em volta) para meu pai. Fomos a uma pizzaria com minhas(meus) manas(os) e os(as) respectivos(as). Entre a castelões especial e a de morango com chocolate, o noivo anunciou um brinde e fez, gentilmente, o tradicional pedido. Só que, para a nossa surpresa, meu pai, que exibia um meio sorriso, o fechou prontamente. Atordoado, como se tivessem acabado de lhe arremessar uma borda recheada, ficou mudo. Depois de longos 60 segundos, soltou uma frase que eu jamais esquecerei: "Será que a pizza de *carpaccio* é boa?". Alguém ainda conseguiu dizer: "Deve ser". Passado mais um tempo, ele virou para mim e disse, de canto: "Vai ser em qual igreja?". Eu disse: "Em nenhuma". Ele: "Você não pode abrir mão de algo que é importante para você". Eu: "Mas não é importante para mim". Depois de pensar um instante, completou, implacável: "Você vai se arrepender pelo resto da vida". Fiquei sem entender se eu ia me arrepender pela igreja ou pelo casamento. O fato é que meu pai, simplesmente, não respondeu ao pedido do Guilherme, que ficou com cara de meia portuguesa com cebola extra. Para completar, ainda demos carona para ele na volta do jantar. Depois de um trajeto constrangedoramente silencioso (mas ruidoso pelas cabeças frenéticas), chegamos ao destino. Antes de sair do carro, meu pai deu um tapinha nas costas do meu pretendente e disse: "Desculpe o mau jeito, é que eu fui pego de surpresa. Desejo muitas felicidades ao casal". Só faltou o "atenciosamente". O fato é que depois de uns dias ele decidiu aceitar a ideia de que eu não seria mais a "namoradinha do papai", e hoje, felizmente, o meu marido é o "genrinho do sogrão".

Essa estreia não impediu que meu pai protagonizasse um ato final. Na véspera do casamento, ele foi convocado para um ensaio da cerimônia. Basicamente, caminhar de calça jeans numa esteira ladeada de flores do campo na casa dos meus sogros, onde foi a festa. Chegando lá, um tanto agitado, ele se deparou com um generoso e charmoso terraço de madeira suspenso, que tinham gentilmente acabado de erguer, para quem quisesse acompanhar a cerimônia de cima. Meu pai, que é engenheiro, inconscientemente (quero acreditar), viu a última oportunidade de melar aquele casamento. Não teve dúvida: "Esse terraço vai cair". E ainda completou: "Vamos ter que cancelar (a festa)". A partir daí, foi só pânico. No final do dia, lembrando que era o dia anterior ao acontecimento, ele mandou um calculista, só para confirmar sua hipótese catastrófica. Só que o técnico decretou: "Isso aí não cai nem com uma manada de mastodontes". *Sorry, daddy*. Vou me casar, mas não se preocupe. Não tem cálculo que faça você deixar de ser o meu primeiro amor.

Cena 3: a noiva bipolar

Nem toda noiva é bipolar. Mas, muitas vezes, não dá para diferenciar. Noiva que é noiva passa um ano entre altos e baixos. Eu ainda não era diagnosticada bipolar – apesar de já ser –, mas já tinha outros diagnósticos psiquiátricos. Era o suficiente para eu saber que ia me ferrar. Por essa razão, decidi reduzir o tempo de preparo da festa para quatro meses. Enlouqueci a minha mãe e a minha sogra, mas, com mais tempo, as chances de eu casar de rosa-choque ou não aparecer na cerimônia seriam grandes. Obviamente, não escapei dos atos de desvario pré-matrimônio. Uma semana antes do casório, convites enviados, eu tive aquele surtinho básico. Acordei às quatro da manhã suando e me perguntei, assustada: "Será que estou fazendo a coisa certa?". Não pensei duas vezes: "Alô, Mari, tá acordada? Ah, agora você tá. Que bom. Querida, eu estou com uma pequena dúvida e queria a sua opinião. Você acha que eu devo me casar com o Guilherme?". Minha amiga ficou muda do outro lado da linha. Em seguida, completei: "Devo, né? Ele é tão fofo, gentil, bonito, gente boa, engraçado..." E segui enumerando suas qualidades, enquanto a Mari cochilava do outro lado. Claro que aprontei outras. Orcei os docinhos com nove fornecedores (e fiz questão de provar todos); caí de bêbada na minha despedida de solteira e lembro, vagamente, de dançar vestida de Mulher-Maravilha sensual; e, por fim, quase na hora da festa, decidi que tinha odiado o meu penteado. Ignorando os apelos desesperados da minha mãe e das minhas irmãs, retirei cerca de 50 grampos, lavei o cabelo até descolar a camada de laquê, sequei as madeixas e fiz um rabo de cavalo loucura, que foi sucesso total.

Cena 4: a última noite de solteira

Eu já morava sozinha, mas não sei por que tinha esse lance de dormir na casa da mãe na véspera de subir ao altar. Ainda havia um punhado de irmãos morando com ela e, para completar, alguns parentes hospedados em sua casa. O que me restou foi dormir no quarto – e na mesma cama – do meu irmão. Só que o fofo, ainda distante da ideia de casar, resolveu sair na balada na véspera de desencalhar a irmã. Me acomodei entre pranchas de surfe e skates e dormi, fazer o quê? Só que o lindo chegou às 3 da madrugada do rolê e se jogou na cama feito um saco de laranja-pera. A cama balançou e, simplesmente, caiu uma caixinha de som no meu lábio superior. Te juro pela felicidade dos noivos. Minha beiça começou a inchar, meu irmão começou a rir, eu comecei a me desesperar, ele pegou gelo e eu passei o resto da noite chupando raspadinha. De manhã eu tinha o dia mais importante da minha vida para enfrentar, e parecia que eu tinha tomado um safanão de um saco de laranja-pera.

Cena 5: fitas e dracmas

Vamos à cerimônia. Pra começar, nós havíamos chamado uma contadora de histórias, de meia-calça listrada colorida, que usaria fitas também listradas e coloridas, para encenar nossa história "de forma lúdica e colorida", como disse ela. Muito diferente, lindo e romântico. Além de chegar atrasada pra burro, ela falou de pessoas que acabaram em diferentes continentes, separadas por anos, até se reencontrarem para viver esse amor de "repescagem". Desculpe, "repescagem: fase de um torneio, geralmente de futebol, em que competidores mal classificados na fase inicial disputam entre si o direito de retornar à competição". De duas, uma: maconha ou ácido. Depois a louca sou eu. Eu conhecia meu noivo havia exato um ano e sempre moramos na mesma cidade. Ficamos, namoramos, noivamos e estávamos ali tentando casar. Mais preto e branco do que isso, eu não sei. Um tio muito do sincerão veio me dizer no final: "Você vai me desculpar, minha filha, mas eu não entendi porra nenhuma do que essa mulher falou". Nem eu, tio.

O que se seguiu também não foi bolinho (bem-casado?). A situação religiosa era a seguinte: noivo ateu, noiva C.E.U.B.E.T.M. (católica, espírita, umbandista, budista e tudo o mais). Por ele, era moça das fitas e bora pra pista. Por mim, aí é que tá. Eu queria alguma celebração que se conectasse com Deus, uma bênção, uma força maior etc., amém. Foi então que uma tia do meu marido nos apresentou a um pastor da Igreja Metodista de Osasco. Conversamos com ele e acabamos por convidá-lo a fazer uma celebração breve, para registrar nosso casamento no cartório celestial. Meu noivo não estava felizão, mas apaixonado por mim ele estava, então topou. A real é que o pastor viu nesse casamento uma oportunidade de brilhar. Fez uma cerimônia de dar dor na lombar e armou uma "brincadeira", que até poderia ter sido interessante, mas foi um saco. Distribuiu dracmas (tipo moedas antigas) aos familiares, com valores do casamento escritos com caneta Pilot. Então, ele ia pedindo, em ordem crescente, que lhe entregassem as dracmas. Por exemplo, companheirismo. E ele discorria cafonamente sobre o tema. Até aí, ok. Só que, no final, o brincalhão pediu a décima(!) dracma, mas ela não apareceu. Seguimos. Cantei Roberto Carlos pro meu amor, que lacrimejou falando coisas lindas pra mim de volta. Hora e meia depois, o pôr do sol já era lua alta. Finalmente, acabou a conversa. Beijo e felicidades. Então começou a tocar uma música que escolhemos a dedo. Uma música que marcou a nossa história e que, a partir daquele momento, marcaria ainda mais. "All You Need Is Love", dos Beatles. Saímos festejando. Noivo efusivo, buquê levantado, caras plenas de quem, enfim, estava realizando aquele sonho. Só que, ainda na primeira estrofe da música, a nem seis passos do altar, o safado do pastor (dá licença) empunhou o microfone e mandou parar a música.

Pa-rar-a-mú-si-ca. Atônitos, ouvimos ele falar que tinha encontrado a última dracma. Alguma coisa que eu não tenho condição de lembrar, porque estava cega de ódio. Para finalizar, aproveitando o seu último momento de padre Marcelo, ele deu uma cantadinha *gospel* de olhos fechados, mandou um abraço muito carinhoso para a comunidade da Igreja Metodista de Osasco e mandou soltar o som. Fez-se silêncio. Graças a Deus (?), o DJ se tocou e voltou a música. Nesse momento, meu marido já tinha virado religioso e estava amaldiçoando o pastor, o padre Marcelo e toda a comunidade eclesiástica osasquense e mundial.

Cena 6: o cunhado

Após a cerimônia e a sessão de fotos, a cerimonialista costuma levar os noivos para jantar em um lugar tranquilo e se recomporem. Essa situação ocorreria em um dos quartos da casa. Para fugir da fila do lavabo, e com a satisfação de quem era local, meu cunhado subiu para fazer xixi em uma das suítes. Ao chegar lá, surpresa! Ele encontrou um cenário farto e maravilhoso e pensou: "Ô lôco, o irmão do noivo também tem tratamento especial". Então, jogou o blazer na cama, ligou o ar-condicionado e se serviu de champanhe, enquanto degustava o nosso escalopinho ao molho madeira. Ainda finalizou com o mil-folhas de cinco andares. Depois disso, vazou, afinal, tinha uma festa pra curtir. Minutos depois, eu e o meu recentíssimo marido aparecemos e nos deparamos com canapés mordidos, guardanapos amassados, ar-condicionado ártico e taças de cristal pela metade.

Cena 7: o rapaz da van

Não basta ser padrinho, tem que se lascar. Como a festa era longe da metrópole, decidi delicadamente contratar algumas vans para levar o pessoal. Só que eu precisava de alguém para organizar o comboio e chamei um grande amigo para me ajudar. Marcamos o ponto de encontro, avisei os convidados e ele ia coordenar. Parecia fácil, mas nada nessa vida é fácil. Uma daquelas tias que a gente tem (quem não tem uma daquelas tias?) logo ligou para ele e disse: "É o rapaz da van que tá falando?". A partir daí, foi ladeira abaixo.

De cara, ele passou pelo constrangimento de pedir para um convidado trocar de lugar, para acomodar a madame na frente do ônibus. "A menos que você queira que eu enjoe." Já na festa, ela passou o tempo todo atrás dele, para que não esquecesse que ela precisava sair exatamente às quinze pra uma, pois, afinal, ela acorda inchada quando dorme tarde. Nessa situação mérdica, ele ficou o tempo todo de olho na tia, estrategicamente se escondendo atrás dos convidados, que insistiam em se balançar e quase revelar o seu paradeiro. Lá pelas tantas, ele se distraiu e esbarrou com ela no meio da pista. Gelou. Com o dedinho apertado num sapato de salto, ela não pensou duas vezes. Arrancou a sandália e deu pro "tiozinho da van" segurar. Afinal, a função dele era fazê-la chegar bem em casa, não era?

Cena 8: água com MDMA

Já estávamos muito loucos por protagonizar tudo aquilo. Meu marido já havia jogado o buquê (sim, somos alternativos) e só nos restava dançar. Depois de quatro músicas, entre uísques e gins-tônicas, ele decidiu se hidratar. Pegou o primeiro copo da primeira mesa que ele viu de primeira. Só que o detalhe é que a água estava batizada com MDMA. MDMA: substância psicotrópica que promove euforia, aumento da temperatura corporal, alteração da percepção da música e aumento da sensibilidade, física e emocional. Além disso, ela produz uma "sensação de amor". Ou seja, um dos convivas achou que era um aditivo perfeito para uma festa de casamento e decidiu, sozinho, que todos iam participar de sua cerimônia do chá. Não preciso nem dizer que o noivo abraçou todo mundo loucamente, pulou que nem pipoca, suou o colete e, principalmente, fez juras de amor apaixonadas para a noiva ao microfone. O MD? Ninguém percebeu, pois, afinal, era o que se esperava de um noivo.

Cena 9: a primeira noite de casada

Foi só comigo ou essa história de noite de núpcias é uma palhaçada? Minha dedicada sogra teve uma ideia, mais do que bem-intencionada, de montar um quarto pra nós em um ambiente de sua casa chamado "torre". Se eu não ligava pros filmes da Disney, ela ligava. Só que estava mais pra Rapunzel ou Corcunda de Notre Dame. Acabada a festança, enquanto a tia Nara e o tio Jair dormiam em uma confortável suíte, subimos a acanhada escada em caracol. Bom, eu subi. Meu marido escalou o corrimão trepando nos sinuosos degraus. Adivinhe a primeira coisa que ele fez. Deitou de barriga pra cima e abriu um ronco que até o momento eu não havia conhecido. Depois de quase deslocar o ombro para abrir malditos 35 botões, deitei. Tratava-se de um colchão estreito, no chão (afinal, é o amor), salpicado com as tais pétalas das Maldivas, circundado por velas e uma bandeja com camafeus e copinhos de chocolate trufado. Comi alguns, me estiquei no filete de cama que me restou e tentei relaxar. Mas, logo que eu me recostei, bateu uma sede, óbvio. Cadê a Minalbinha nupcial? Lá na cozinha, três andares pra baixo. Desesperada, arrisquei pegar uma cólera e tomei a água da pia com as mãos em conchinha, em temperatura ambiente mesmo. Resultado: o noivo acordou pleno e, por mais uma noite, a noiva acordou penga (não sei se essa palavra existe, mas soou perfeita).

Conclusão

Como essa festa, meu casamento é perfeito em suas imperfeições. Com o sonho realizado, os que vinham atrás ganharam protagonismo. Nosso filho Antônio e este livro não me deixam mentir. Apesar de alguns lamentos, esses casos nos renderam boas risadas, além deste texto. Talvez seja esse o propósito dele, transformar momentos imperfeitos em boas histórias. Muita coisa pode ter dado errado nessa festa de casamento, mas uma coisa é certa: o sanduíche de pernil do final, nesse não deu pra botar defeito.

♡

Na festa e na fossa

Confesso que por algum tempo deixei de atender ligações e responder a mensagens – principalmente de áudio – dos meus amigos. A depressão cobra vários preços, e um dos mais caros é o isolamento social.

Em mim isso dói especialmente, porque sempre fui muito sociável, festeira e contadora de histórias. Mas a verdade é que, eventualmente, um dos amigos ou amigas furava o bloqueio. Aparecia lá em casa sem aceitar "não" como resposta: "Levanta dessa cama que nós vamos sair". Então, abria as cortinas, enxugava minhas lágrimas, me empurrava para o banho, escolhia a minha roupa (coisa dificílima de fazer deprimida) e, finalmente, me enfiava no carro. Me carregava para jantar na Pizza Hut, que vem com *pepperoni* sabor serotonina, e ainda pagava. Me levava para assistir a uma comédia escrachada, para ver se eu esquecia os meus problemas. Me dizia que eu estava linda, mesmo estando discretos 30 quilos acima do peso. Me abraçava, me ouvia com atenção, chorava comigo, me afagava o rosto e me dizia – mesmo sem ter certeza – que tudo ficaria bem. Só parava o carro para rir quando eu falava algum palavrão bem ruim para descrever como andava minha vida: "Tá um caralho de asa verde" ou "Tá uma caceta louca do agreste". Eu posso estar em depressão, mas não perco o humor. Meus amigos me criticam com olhos de admiração, repreendem-me com olhos de pai e mãe, abraçam-me com olhos amorosos. E ainda me agradecem por tudo. Por tudo o quê, meu Deus? Ouço por aí que tenho muitos amigos e que não podem ser todos de verdade. E que amigos pra valer dá pra contar nos dedos da mão. Eu não, eu conto nos dedos das mãos, dos pés e das patas da minha cachorra. Porque sei que tenho muito pra dar pra eles. E recebo em dobro de volta. Porque meus amigos são como na música: "metade amor e a outra também".

♡

Girls just wanna have fun

Recentemente eu fiz uma viagem pra praia com algumas amigas, todas brilhando nos quarenta (ou +). Como eu não estou mais em idade de perder festa, saquei meu maiô e me mandei. Encontro entre mulheres tem algumas peculiaridades.

Tem briga pra ver quem vai dirigir. E tem briga pra ver quem não vai dirigir (essa é a minha).

Não falta assunto. Tem informações bombásticas sobre a amizade da Marina Ruy Barbosa e da Gabriela Pugliesi, opiniões divididas sobre a gravidez da Fátima Bernardes e enquete sobre quem vai ganhar o BBB.

Tem papo sobre bebês, crianças e pré-adolescentes. Sobre mãe e sogra. Traições, separações e maridos (ex e atuais).

Tem Prosecco, caipirinha de saquê e vinho rosé. Mas também tem cerveja, uísque e gim-tônica. Para mim, que não bebo, tem suco de caju; e, para todas, água de coco para curar a ressaca.

Na *nécessaire*, tem óleos essenciais, homeopatia e florais de Bach. Mas também tem Neosaldina, Engov e Rivotril.

Há muitas dicas sobre astrologia, dieta e seriados. Mas também conversas sobre o universo, política e economia.

Tem papo sobre botox, plástica e unha de porcelana. Mas também sobre filosofia, espiritualidade e psicologia.

Aliás, tem psicóloga, pediatra, advogada, arquiteta, administradora, produtora de TV e escritora.

Tem quem goste de zumba, pilates e *beach tennis*. Mas também de futebol, basquete e *squash*.

Tem competição velada de biquíni (e de barriga).

Tem pagode, sofrência e Ludmilla. Mas também tem MPB, rock e Dua Lipa.

Tem um monte de fotos coletivas. E selfies. E uma nova modalidade, a selfie coletiva.

Tem sempre uma (ou duas) que vai maquiada para a praia e é motivo de piada.

Tem lembranças das antigas viagens, da escola e dos namorados.

Tem tranca e Uno. Mas também tem porco e truco.

Tem quiche de cogumelos, ceviche e azeite trufado. Mas também tem macarrão com molho de tomate, misto-quente e brigadeiro.

Não falta muita risada alta e aguda. E declarações de amizade para toda a vida.

Amigas, brindo à nossa amizade com meu Maguary *on the rocks*. Porque a real é que *girls just wanna have fun*.

Amor aos latidos

Eu nunca gostei de cachorro. É difícil falar isso. Muitas pessoas acham que, por essa razão, eu não gosto de criança, arranco flores por aí e não como chocolate. Nada a ver. Meu coração não é apaixonado por latidos, mas não quer dizer que eu os odeie ou queira mal a um bichinho.

Quando eu chego em uma casa que tem pet, o filhinho peludo vem logo me cheirar. Desculpe, sou só eu que tem nojo de um focinho molhado? O dono já solta: "Ah, ele gostou de você, tá querendo brincar". Sem saída, eu digo logo que tenho medo de cachorro (pega bem melhor do que dizer que não gosto). Mas, às vezes, o tiro sai pela culatra. Você diz que tem medo de cachorro e a pessoa entende assim: "Me ajude a perder esse maldito medo, pelo amor de Deus!". Então ela segura o animalzinho (que pode ser de fila a lulu-da-pomerânia) e me chama insistentemente para passar a mão, repetindo: "Ele não faz nada". Sério? Mas você faz.

Aí você me pergunta: "Você nunca teve cachorro, né?". Não, amor, eu tive cachorro a minha vida inteira. Tudo começou com o Roberto, o *beagle* da pá virada dos meus irmãos. Depois, infelizmente, Bob faleceu e eu fiquei muito chateada (calma, eu tenho coração). Quando eu estava me acostumando com o quintal só pra mim, surgiu a Cristal, outra *beagle* hiperativa, que tumultuou a minha vida. Mudamos e tivemos que doar a Cristal. Mas, com a mudança, veio a Brownie, um labrador chocolate de olho azul (quem me dera parecer com ela) e obesa (estou bem assim, obrigada). Brownie fazia natação e tinha nutricionista. Ela fez parte da nossa adolescência, e isso inclui ter fumado maconha. Depois de uma vida longa, Brownie se foi.

Casei, nasceu o Antônio. Quando eu estava em paz no meu mundo sem pelos, veio a fatídica frase que toda mãe escuta em algum momento da vida: "Mãe, eu quero um cachorro. Por favooooor". A princípio, a resposta foi não. "Filho, dá muito trabalho, despesa, faz xixi por todo lado... E quando formos viajar?". A partir daí, a caixa de Pandora foi aberta. Toda semana, meu filho e meu marido vinham com uma foto de um cão sem raça definida para adoção. Cada um mais ardido do que o outro. Quando eu já estava quase perdendo a briga para a adoção de um pet, uma amiga anunciou que estava doando um filhote da cachorrinha dela. Foi aí que eu conheci a Amora, a vira-lata mais bonita dos canis. Uma espécie de Priscila da *TV Colosso* tamanho médio, muito inteligente e boa-praça. Como eu estava reticente, minha amiga nos "emprestou" a bichinha por uma semana. Meu tapete nunca mais foi o mesmo.

Sou eu que cuido da Amora. Não deixo faltar nada: ração balanceada, biscoitinho, brinquedos e condicionador. Eu ainda não durmo abraçada a ela. E provavelmente nunca vou. Mas eu sei e ela sabe. Somos da mesma família.

♡

Paixões

Os nomes foram trocados, o que não vai adiantar muita coisa.

Paixão é que nem limão: é bom, mas é azedo. Diferente do amor, a paixão é intensa. Esquenta o rosto na hora errada, às vezes dói como uma costela quebrada. Eu tive algumas paixões durante a minha jornada afetiva. Explodi por dentro, sorri o sorriso mais aberto do mundo, chorei com dois travesseiros em cima da cabeça.

Tudo começou com o Felipe. Ele tinha olhos azuis, mas tão azuis que dava vontade de nadar neles. Não sabia jogar futebol, ia mal pra burro na escola, mas era tão engraçado... E eu nunca resisti a um homem engraçado. Bom, ele não era exatamente um homem, no alto de seus 7 anos, mas eu ria o tempo inteiro ao lado dele. Vivenciei essa torturante paixão da 1ª à 8ª série. Mais tempo do que muito casamento.

Já no ginásio, Felipe usava uma polo vermelha da Polo Ralph Lauren e um boné preto da Guess. Naquela época, isso era muito importante. Ele se fazia de *playboy*, mas, para falar a verdade, era bem maloqueiro. Eu, do meu lado, também era influenciada pelas minhas amigas patricinhas, mesmo preferindo escutar Raul Seixas a Corona. Um dia, elas resolveram atualizar meu cabelo para a moda da franja

McDonald's. No banheiro do colégio, pentearam uma grande mecha pra frente e, zás, passaram a tesoura. Não poderia ter dado mais errado. Meu cabelo, que era liso, enrolou e eu fiquei parecendo a Maria do Bairro. Felipe não deixou barato. Me botou o apelido de Cachinhos Dourados (conto infantil de 1800 que, infelizmente, ele conhecia) e passou a deixar bobes e grampos no meu estojo. Quando eu ia pegar o apontador, a turma caía na gargalhada. E eu ainda o amava loucamente.

Éramos da mesma classe, e ele se aproveitava dos coraçõezinhos desenhados na minha carteira para que eu o ajudasse a passar de ano. Eu estudava com ele, fazia trabalho em dupla, passava cola. Ele demonstrava sua gratidão, mas correspondia ao meu amor? Que nada. E eu seguia firme. No finalzinho da 8ª série, em uma feira de Ciências, atrás daqueles vulcões que nunca dão certo, ele me confessou que também gostava de mim. Meu corpo começou a formigar (eu nem sabia que isso era possível) e, finalmente, ganhei meu primeiro beijo. Isso não é pouca coisa na história de uma pessoa.

Vieram as férias, eu viajei com minhas amigas, dei mais uns beijos e achei que tinha virado gente. No início do primeiro colegial, me senti adulta e acabei nosso relacionamento praticamente dizendo: "Sai fora, seu pirralho". Sacanagem. Hoje me arrependo. Desculpa aí, Felipão.

O colegial começou e meus tempos de paz duraram pouco. Nessa época, eu aprendi que paixão do primário/ginásio era pular amarelinha, perto do que estava por vir. Aqui o problema era o sorriso. Eu nunca tinha visto um sorriso tão largo e branco. Um piano novo e afinado. Ele era um ano mais velho que eu, e eu tinha que passar pela classe dele para chegar à minha. Esqueça borboletas no estômago, o que eu sentia estava mais para morcegos se acotovelando no intestino. Eu jogava futebol na escola e saía completamente suada e vermelha. Uma humilhação. Às vezes eu passava pelo corredor olhando pro chão, evitando ter que cumprimentá-lo. Mas, quando eu o olhava de canto de olho – não dava para resistir –, estava ele lá, com aquele maldito sorriso. Seus cabelos negros, com cachos esculpidos por Deus, eram de dar vertigem. Com ele eu aprendi o significado de "quase enfartei" e "coração na boca". Ele tocava guitarra – mal, por sinal –, e não preciso nem dizer que eu estava em todos os shows de sua banda. Ele andava de skate – mal, por sinal –, e não preciso nem dizer que eu vivia na beira da rampa. Em uma afortunada noite de lua crescente, encontrei-o justamente em um luau. Cerveja vai, baseado vem, papo vai, olhar vem, ele veio. Não me lembro como foi, mas, considerando o meu estado emocional, de qualquer maneira teria sido perfeito. No dia seguinte, fiquei esperando ele me ligar. Não tinha WhastApp, Telegram, Inbox... Tinha bipe, telegrama e telefone fixo. Uma maldição. Naquele dia, eu não botei nem os cílios pra fora de casa. Tocava o telefone, era minha avó. Tocava de novo, era a Sabesp. Tocou mais uma vez, e eu não atendi, só de raiva. Minha mãe gritou: "Bia, é um tal de Gabriel pra você". Jesus, ele gostava de mim. Com as "ficadas" nas festinhas da escola, veio o pacote completo. Fotos coladas no diário, falta de concentração na prova e *quiz* da revista *Capricho* – "O que o signo diz sobre ele?". Na escola, fiquei mais envergonhada ainda (isso porque estou longe de ser tímida). E ele parecia rir, com todos aqueles dentes, do meu desequilíbrio mental.

Então, um dia, sei lá, comecei a me interessar mais por jogar truco no recreio. Ele preferiu trocar ideia com o pessoal da classe dele. O tempo foi passando, e eu conheci meu primeiro namorado. Descobri o que era esquentar o peito, em vez de esquentar o rosto. E o Gabriel apareceu com uma garota ainda mais jovem do que eu. E tudo bem. Aprendi que a gente não morre de amor. Nossa história não foi longa, mas marcou meu coração como uma flecha.

Por que será que cada fase da nossa vida estudantil é marcada por uma paixão? Entrei na faculdade. Turma nova, cervejadas, viagens, o que há de melhor. Então eu conheci o Eduardo. Pensa numa pessoa animada. Pensa numa pessoa caótica. Pensa numa pessoa apaixonante. Amigo de amigos, nos conhecemos na quadra da facu. Logo passamos a ser amigos. O que eu sentia por ele deixou o Gabriel pra trás e o Felipe chupando pirulito. Não entendo o porquê, mas, quanto mais o tempo passava, mais profundas, empolgantes e doloridas foram ficando as paixões. Não deveríamos ter ganhado experiência e habilidades para lidar com elas? Como minha primeira paixão, Edu era da minha classe. Não sei que mania é essa de demonstrar afeto através de reforço escolar. Passei a me dedicar a tornar o boletim dele apresentável, fazia os trabalhos com ele (pra ele) e até organizava sua agenda. Eu estudava com ele, fazia trabalho em dupla, passava cola. Ele ficava muito agradecido, me dava um abraço apertado e dizia: "Você é a melhor amiga que alguém pode ter". Oi? Mas o dia D (de desencalhe) haveria de chegar. E chegou. Fomos a uma festa em um galpão, num lugar que até hoje o Waze desconhece. Edu veio me oferecer lança-perfume. Ele não tinha olhos azuis, nem sorriso Colgate Luminous White, mas sua risada dava vontade de gravar, só para ouvir no *repeat* no Discman. Eu aceitei o lança. E o mundo começou a girar. Ele segurou meus braços para que eu não caísse, eu segurei os dele com o mesmo objetivo e, no meio daquele furacão, nos encontramos. E posso jurar que ouvi fogos de artifício. Mas pode ter sido só o lança.

Depois disso tudo, vivi muitos romances, alguns amores. Até que um dia conheci um cara. Dessa vez, o que me fascinou foi sua conversa, sua empatia, seu charme. Com ele experimentei um sentimento novo. Um misto de paixão, amor, carinho e amizade. E era bom. Muito bom. E eu não queria mais abrir mão disso. Fomos viver juntos, passamos a dividir o Netflix, a conta de luz e o edredom. E formamos uma família, viramos três. E, às vezes, quando olho para nosso filho, me lembro da paixão e do limão. Penso em tudo o que ele ainda vai passar e sinto pena. E, confesso, um pouquinho de inveja.

♡

CAPÍTULO 7

Vida

Dos 20 aos 40

Você sabe que não tem mais 20 anos quando a sua melhor companhia é você mesma e o melhor programa é a Netflix.

Quando o seu xampu passa a custar três dígitos e o protetor solar deixa de ser coisa de praia.

Quando você começa a pagar seguro residencial, do carro e de vida.

Quando frequenta um psiquiatra e passa a saber o que são ansiolíticos.

Quando começa a entender o que é mamografia e colonoscopia.

Não ter mais 20 anos é adorar hotéis-butique. E esquecer de vez as palavras albergue e *camping*.

É ter no vocabulário os termos "to do", "check list" e "follow up".

Descobrir que coxinha, pastel e brigadeiro engordam. Trocar o quarterão com queijo por morangos orgânicos e frango Korin.

Conhecer o ciático e, em seguida, o pilates. É passar a adorar velas e difusores de ambiente.

É tomar porre de vinho caro e não mais de cerveja barata. Mas ficar de cama no dia seguinte e inválida por mais dois dias.

É ter uma tatuagem que você achava incrível e que agora parece uma borboleta psicodélica bêbada.

É não se apaixonar cada dia por um olhar, mas se apaixonar todo dia pelo mesmo olhar.

Ter 40 é não falar tanta besteira. Ter poucos e bons amigos. Parar de brigar com os irmãos. Aprender a fazer o risoto perfeito. É saber quem a gente é. E ter muita história para contar.

♡

Independência ou morte

Ser independente, pra mim, é ligar para a minha mãe para perguntar o que fazer só porque eu quero, não porque eu preciso. É querer ligar para o meu pai para dizer que cheguei bem, mesmo tendo 40 anos e um filho. É pedir para a minha irmã me acompanhar no dentista, porque estou com medo e tenho coragem de assumir.

É ligar para a pediatra perguntando o que fazer pra melhorar a tosse do meu filho e acabar resolvendo do meu jeito, com meia cebola embaixo da cama. É deixá-lo dormir comigo e não contar para ninguém, porque independência mesmo é escolher não ouvir opinião que não pedi.

É marcar uma plástica, pagar, ouvir que não tem necessidade, que é um risco por um motivo fútil, agradecer a preocupação e fazer mesmo assim. E, depois disso, deixar o maiô de lado e assumir o biquíni (mesmo com uma ou outra cicatriz).

Ser independente é casar de véu e grinalda em um gramado cheio de flores do campo ou juntar os trapinhos e celebrar com uma pizza sob o mesmo teto. É não casar com um cara machista. E, se casar, cair fora.

É abrir sozinha o zíper do vestido ou pedir para o marido abrir e se aproveitar disso.

É decidir não ter filhos ou ter quatro filhos, se quiser.

É escolher não beber, mas ser a mais animada da festa. É escolher bem o que comer, mas mandar uma coxinha de vez em quando.

É largar um emprego para montar um negócio. E decidir que não é para mim e arrumar um emprego. É escolher não trabalhar e acompanhar cada evolução do meu filho. Ou trabalhar o dia inteiro sem culpa e curtir cada momento em que estou com ele.

É escrever um livro contando pra todo mundo que eu sou bipolar e só me arrepender de não ter feito isso antes.

É vender o carro e andar de bicicleta. Ou ter medo de andar de bicicleta, andar de Uber e ok. É viajar sozinha para qualquer lugar acompanhada de um Ray-Ban e um Kindle. Mas fazer uma videochamada para a melhor amiga do alto da torre Eiffel, porque queria dividir com ela aquele momento.

É deixar de ligar pra quem me magoou ou decidir pedir desculpas, mesmo achando que não tenho culpa, só para fazer as pazes.

Ser independente é achar que quando meu filho sair de casa eu vou morrer, mas guardar isso só para mim, porque, afinal, tudo que eu quero é que ele seja independente, como eu aprendi a ser.

♡

A vida tem dessas coisas

Coisas difíceis da vida:

Guardar dinheiro. Ler Guimarães Rosa. Dormir no avião (classe turística). Fazer xixi no avião, lavar as mãos no avião, escovar os dentes no avião. Trabalhar depois do almoço. Pedir demissão. Ganhar na loteria. Fazer molho pesto sem que ele grude no liquidificador. Fazer brigadeiro e não lamber a colher. Lamber a colher e queimar a língua. Lavar a louça depois de uma feijoada. Limpar grelha. Fazer compra do mês. Não pedir sobremesa. Emagrecer. Ir pra academia no inverno. E no verão. Andar na esteira. Correr, então... Encontrar a cara-metade. Terminar um namoro. Terminar um casamento. Achar o apartamento ideal. Fazer mudança. Encontrar vaga em São Paulo. Dirigir no Rio. Pegar táxi em NY. Jogar xadrez. Fazer sudoku. Não esquecer o guarda-chuva, os óculos e o casaco. Não perder elástico de cabelo, anel e tampa de Bic. Dormir cedo. Acordar cedo. Sair do banho no inverno. Tirar a maquiagem depois da balada. Escovar os dentes depois da balada. Passar camisa. Usar salto. Cortar a unha do pé. Prestar vestibular. Fazer imposto de renda. Preencher formulário de visto. Não deixar o filho ficar no celular. Ou comer Nutella. Manter a palavra quando diz, no calor da emoção, que seu filho vai ficar sem videogame por um mês. Ligar para reclamar que uma conta veio errada. Ligar para reclamar que a internet caiu. Ligar para uma companhia aérea. Conseguir seguidores. Fazer mala. Parar de fumar. Trocar pneu. Tomar Novalgina em gotas. Que dá, dá, mas é tão difícil...

Coisas fáceis da vida:

Gastar dinheiro. Ler gibi. Dormir no ônibus (leito). Dormir depois do almoço. Fazer miojo. Devorar pipoca, batata frita e Bis. Pedir iFood. Engordar. Ver seriado à tarde. Ver seriado de madrugada. Andar de chinelo. Lavar o cabelo no salão. Encher o filho de beijos. Ficar no Instagram. Tomar AAS infantil.

É. Se compararmos o tamanho das duas listas, não tá fácil pra ninguém.

♡

Dora Aventureira

Há muito tempo que eu sei que não sou uma mulher do campo. Desde quando fui ao Sítio do Carroção e simulei uma dor de barriga para escapar da trilha do Indiana Jones.

Na verdade, eu gosto muito de verde, sobretudo da vista de um parque através de uma janela no 18º andar.

Foi, então, que o meu cunhado me chamou para passar uns dias no sítio da família dele e achei que era a chance de eu evoluir. Agradeci o convite e fui em busca de um bom chapéu.

A casa era bonita e confortável, a paisagem daria ótimas fotos pros *stories* e, quem sabe, eu seria muito feliz naqueles dias. Só que minha alegria durou pouco. Logo na chegada, minha mala de rodinhas atolou na grama fofa. Comecei a suar no bigode tentando salvá-la e levei uma picadela de um inseto exótico na ponta do nariz. Ficou um charme, além de ser um lugar incrível de coçar. No dia seguinte, eu já passava repelente nas axilas e não esquecia de garantir a paz dentro das orelhas.

Na primeira noite descobri que, sobre a cama, havia um mosquiteiro. Ou dossel, para os mais nobres. Dormi como uma princesa. Acordei revigorada, abri os olhos e dei de cara com uma mosca-varejeira pousada do lado de fora do mosquiteiro. Sorri, fazendo a esperta, e, só pra desdenhar, dei um peteleco nela. Só que a diaba estava do lado de dentro e começou a voar enfurecida, mirando meu cabelo desgrenhado. Soltei um grito pré-histórico e acordei meu marido, que, calmamente, levantou o tecido e liberou a criatura da verdadeira predadora: eu.

E, por falar em bichos, macaquinhos na janela do quarto eram *default*. Ver a paca, um programa animado. Calangos aparentemente tinham sua graça. O que não teve muita graça foi ser perseguida por um pavão querendo acasalar.

De dia, eu andava disfarçada com o tal chapéu estiloso, óculos espelhados, blusa de manga comprida com proteção UV e, em alguns momentos, *legging* de oncinha, na tentativa de me misturar com a bicharada. Em vez de levar uma lanterna para o passeio noturno, eu levei logo um abajur a pilha, que, nem preciso dizer, virou motivo de piada.

Fomos nadar no lago. Em um momento irracional, considerei por um instante se um tubarão não poderia estar por ali. Achei melhor fechar os olhos e me imaginar numa piscina. Exibi, vaidosa, meu nado borboleta. Em um momento de confiança, resolvi mergulhar. Quando abri os olhos, um peixinho dourado me encarava. Olhei em seus olhos, ele nos meus, me senti em comunhão com a fauna local. Posso jurar que ele piscou pra mim, então acordei do transe e saí nadando até a margem. Dessa vez, de cachorrinho descoordenado.

Na volta, fui tomar um banho. Me sentindo segura, passei meu condicionador com tecnologia micelar (seja lá o que isso for). De repente, a água diminuiu, esfriou, soltou uma lufada de ar e finalmente gotejou na minha cabeça, nitidamente rindo da minha desgraça. Respirei fundo, me rendi e meti a cabeça na pia, onde a água, muito da sacana, ainda jorrava.

Beleza, bora pro Instagram, que isso vai me alegrar. Tirei uma foto linda com aquele cenário todo atrás. Vou postar, só pra fazer pinta de Dora Aventureira. Peraí, internet? Aí já é pedir demais. O 3G pega depois da sétima figueira. E a coragem de ir até lá?

Lá pelas tantas, percebi que havia uma pinta, da qual não me lembrava, ao lado do meu umbigo. Reparando bem, ela estava descolando em um dos lados. Refleti: "Isso não pode ser bom". Não pensei duas vezes. Meti um band-aid em cima dela. No dia seguinte, resolvi dar uma espiada. Olhei mais de perto e, que bizarro!, a pinta tinha patinhas. Mostrei pra minha irmã, que se acabou de rir. Eu estava cultivando um carrapato.

Apesar de tudo, para minha surpresa, do meio pro fim comecei a me sentir estranhamente bem. Me peguei admirando as plantas da vasta vegetação; ousei subir em uma goiabeira e morder a fruta sem medo de encontrar um bicho; me emocionei com o nascimento de um potrinho; me orgulhei de saber diferenciar um sabiá de um bem-te-vi – aliás, troquei o toque "pássaros" do meu celular pela versão original –; admirei a beleza do céu e até boiei no lago. Mas, principalmente, pisei na terra com satisfação. E olha que eu fui criada no carpete.

Chegada a hora de voltar, lá no fundo eu não queria. No carro, consegui finalmente postar uma foto. A legenda? #dora_aventureira #meninadomato #semfiltro.

♡

Vamos a la playa

Meu marido acha que viajar no fim de semana costuma cansar mais do que descansar. Eu sempre acreditei no contrário, mas num certo fim de semana eu pude, definitivamente, constatar que ele estava certo.

Sexta à noite a gente está inevitavelmente mais morto do que vivo, mas com o coração cheio de esperança, como é próprio da sexta-feira. O mundo é nosso, a vida não é tão ruim assim, nosso trabalho até que parece legal, perante a ideia de que temos um longo fim de semana entre nós e ele. Os juros vão cair, as dívidas serão perdoadas, vamos ser felizes, enfim. E, com o corpo moído e o espírito animado, vamos correndo pra casa arrumar as malas. Muitos biquínis, sungas e protetor solar, nenhum moletom. Enchemos o carro de cerveja e bora pra praia. Já passa das 20h e temos que parar para abastecer, comprar água e cigarro. Rola uma fome, então paramos no posto pra comer um espetinho de frango engordurado. Afinal, tudo vale a pena, quando a mala não é pequena.

    Depois de algumas horas no trânsito e todos no carro dormindo (exceto o coitado do motorista), chegamos à praia, com muito torcicolo e alguma alegria. Tiramos tudo do carro, inclusive o travesseiro e o edredom que tivemos que levar. Não dá para ter tudo na casa de praia. Desfazemos as malas, fazemos a cama e alguém abre aquela cerveja ainda quente e brada: "Essa é a vida que eu mereço!". Vamos todos dormir, porque estamos quebrados. "E amanhã vamos acordar cedo para aproveitar". Dormimos como dá. Cama meio dura, meio pequena e meio mofada, sem contar o lençol meio áspero (ou será areia?). Mas tudo bem, o importante é a curtição. Às seis da manhã o quarto já está claro. Que mania de não colocar cortina nas casas de praia. Agonizamos nesse lusco-fusco até umas 9 horas, quando o pessoal se encontra pro café da manhã. Café da manhã? Na casa só tem cerveja, azeite e umas linguiças que sobraram da outra vez. Vamos ter que fazer o mutirão do mercadão. Metade da casa vai tentar encontrar alguma coisa pra comer entre as Havaianas, pranchas de isopor e os demais aventureiros do fim de semana. Par de horas depois (já quase uma da tarde), tomamos aquele café colonial. Vem a função protetor solar, já que inventaram que tem que passar antes de ir pro sol. Pessoal devidamente melecado, fazemos a bolsa de praia. Livro de autoajuda, canga *tie dye* e dinheiro, apesar de o sorveteiro preferir Pix. Na praia, fazemos o que se faz na praia. Enchemos o biquíni de areia, tomamos um picolé de procedência desconhecida, queimamos de óculos escuros, nem abrimos o livro. E voltamos a tempo de fazer o churrasco.

    Dá-lhe cortar cebola e tomate para fazer o vinagrete. E socar o limão pra sair mais uma caipirinha. E comemos pão, o bendito vinagrete, mais pão, agora de alho, o queijinho de coalho e uma linguicinha apimentada. Tomamos um chuveirão para lavar as mãos, esvaziar a bexiga e continuar a orgia. Cervejinha gelada e, veja você, saiu o coraçãozinho de galinha. Todos finalmente empanturrados e bêbados, sai a cobiçada picanha, que acaba esfriando no prato sujo de mostarda e limão. Um a um, os praieiros vão sumindo (leia-se: ir roncar com a barriga pra cima e o pé de areia). A partir daí, cada um faz uma coisa. Tem aquele que acorda e lamenta terem comprado pouca água, então toma um Yakult; tem quem emende e durma até o dia seguinte; há os que levantam, fazem um macarrão com salsicha e ainda veem um filme (geralmente o DVD do *Jurassic Park*, já que a internet não pega muito bem por lá). E, por fim, tem quem acorde, tome banho, escove os dentes e coloque o pijama, mas esses são raros. Finalmente, a casa toda repousa em paz. Se chover, antecipem o churrasco e adicionem as cartas. Se forem crianças, multiplique a função por 2.

Domingo é aquela desgraça. A casa tá do lado do avesso, nunca se viu tanta louça suja junta. Todo mundo bronzeado (ou tostado?). Muita ressaca e dor de cabeça. Dividimos as contas como dá. Alguns ainda tentam fingir que é sábado e vão pegar uma prainha. Outros se conformam e atacam a louça. O fato é que uma hora vamos ter que encher o carro novamente e cair na estrada para voltar. É engraçado como na ida a gente não vê a quantidade de gente que desceu pra praia. Chega-se em casa, finalmente. Os mais animados ainda pedem uma pizza, enquanto abrem aquele saquinho de supermercado com um maiô mofado dentro. E amanhã recomeça tudo outra vez. Ah, viajar no fim de semana é bom pra descansar.

♡

I believe I can fly

Eu acredito em disco voador, mas não consigo acreditar em avião. Gente voando dentro de um "ônibus" gigante que pesa toneladas é difícil de o meu cérebro processar. Viajar é muito bom, mas andar de avião tem suas particularidades.

Por exemplo, detesto gente dando barraco com funcionário de companhia aérea por causa de voo atrasado e essas merdas todas que a gente passa na mão dessas empresas. A pessoa está trabalhando na linha de frente, com um uniforme estiloso e um saltinho médio, mas ainda não tem o poder de fazer subir e descer avião.

Detesto parte dois: entrar no avião e passar pela classe executiva, toda sentadinha porque entrou primeiro, com aquele olhar de rabo de olho, pensando: "Vai, massa funkeira, para a lata de sardinha". Uma vez eu viajei de executiva e reparei na tal massa funkeira olhando de canto de olho para mim, como que dizendo: "Boa viagem, patricinha empoada, Deus queira que derrubem champanhe na sua echarpe Chanel" (na verdade, era da C&A). As pessoas são más ou sou só eu?

Detesto parte três: quem peida (não tem jeito elegante de falar isso) quietinho – ou será quentinho? – no avião. Eu só fiz uma vez, e foi por vingança. Quem espirra uma virose certa sem a mão na boca, no meio do corredor (pré-covid). Quem viaja com cecê. Sério, nem que você lave as axilas (agora sendo elegante) na pia do banheiro do aeroporto, não me venha azedo para a nossa lata de sardinha.

Ou, ainda, quem fica numa disputa velada pelo braço entre as cadeiras com o vizinho.

Ou seja, ocupar o espaço alheio no avião com odor, vírus ou o braço, definitivamente, não é legal.

♡

Beach tennis, bitch

Me perdoem os que jogam *beach tennis*. Me perdoem os que jogam *beach tennis* todos os dias. Por três horas seguidas. E ainda competem nos fins de semana. Eu nunca joguei *beach tennis*. Nem pretendo. Mas isso não me impede de me interessar pelo assunto. Cada dia fico sabendo que "perdi" mais alguém pro "beach". Melhor saber logo qual é a dessa febre, antes que ela queime meu pé.

Este texto está fundamentado em informações infundadas de fundamentos esportivos que eu desconheço. Um toque de admiração? Tem. Um toque de inveja? Tem. Um toque de maldade? Tem também.

Existem alguns tipos de alegria que a gente sabe que nunca sentirá na vida. Por exemplo, a alegria de uma pessoa minimalisticamente vestida, deixando lenta e vitoriosamente uma quadra de areia, com uma viseira de acrílico e óculos espelhados, para dar um merecido gole em um copo Stanley. Essa eu nunca senti.

Minha aversão a raquete é antiga. Mesmo paramentada com sainha e polinho Lacoste e impulsionada por uma mãe fã da Steffi

Graf, eu nunca aprendi a jogar tênis. Quando criança, na escolinha do Tênis Clube, meus jovens colegas com alguma habilidade no voleio iam avançando nos níveis. Eu, não. Estava sempre rodeada de crianças que batiam na minha axila.

Tenho tranquilidade em prever que eu não teria condições de jogar BT (sentiu a familiaridade?), me baseando levianamente no fato de eu nunca ter acertado uma raquetada elétrica em um pernilongo. Confesso baixinho que, na minha ignorante percepção, se me dissessem que *beach tennis* era um pingue-pongue gigante, eu botava fé. Todo mundo me fala que é fácil jogar "beach". Que é igual a jogar frescobol. Aí que tá, eu não sei jogar frescobol.

Vamos à inveja. Calorias perdidas a gosto no escorrer de suor cintilante. Corpos se autoesculpindo como barro. Bunda dura, o sonho de qualquer mulher, de qualquer pessoa, de qualquer ser vivo. Bronzeado natural *twenty four seven*. Há quem diga que a pessoa fica marrom, cheia de rugas, melasmas e sardas, cabelo ressecado, imprimindo dez anos mais. Bobagem. Eu toparia tudo isso só pelo popô firme.

Outra coisa em que eu me liguei meio retardadamente, tanto por ingenuidade quanto por não pertencer a esse mundo, é que a paquera rola solta por ali. Bar, chopinho, cigarrinho? Já era. O que pega agora é a happy hour da saúde. No lugar do álcool, endorfina. No lugar da ressaca, disposição. No lugar de roupas parceladas no shopping e cabelos escovados, shorts-saias delineando virtudes, tops trackfieldianos revelando costas valentes e rabos de cavalo exibindo nucas com cabelinhos rebeldes e despretensiosamente molhados. Em vez de mãos bobas durante papos bestas, *touches* comemorativos no ar e, nos momentos mais efusivos, abraços melados. Quer melhor? Tinder que me desculpe, mas, em se tratando de exercitar o coração (em todos os sentidos), o *beach tennis* não tem pra ninguém.

Além dos interessados em acasalar, o público é bem variado. Casais, pais e filhos, pessoas de todos os tipos físicos, antigos sedentários, ex-futuros atletas que abandonaram o esporte pela carreira. Todos eles viram ali uma oportunidade perfeita para voltar à ativa e, ainda, socializar.

O BT é, claramente, viciante. Isso pode ser chato. O papo pode se limitar a esse assunto. Podemos nos sentir "de fora". É possível ser alvo de insistência para jogar. Há quem alegue que não sabemos o que estamos perdendo. Podem até nos dar a entender que nunca seremos verdadeiramente felizes sem nos resfolegarmos no chão de areia.

Às vezes passo por uma quadra (ou será um palco?) com aquela iluminação alta e intensa, seja do sol ou de holofotes. Observo personagens heroicos. Por um momento, me sinto uma reles mortal, com o pescoço curvado, apreciando aquela magia desde as sombras. Definitivamente, eu não faço parte desse universo. Nem vou fazer. Mas isso não me impede de admirá-lo. Então, concluo: *beach tennis*, você veio para ficar. Só não venha com uma raquete pra cima de mim.

♡

Cariocagens e paulistagens

Nasci no Rio e fui morar em São Paulo. É um clássico. Sempre fui uma carioca em São Paulo e uma paulista no Rio.

Apesar de morar em São Paulo, com uma mãe carioca, eu fui alfabetizada em carioquês. Eu falo *irado* em São Paulo, me zoam. Eu falo *animal* no Rio (no sentido de incrível, não de imbecil), me zoam mais. Eu falo tangerina e como uma mexerica. Eu falo colégio e pego meu filho na escola. Eu peço um biscoito e ganho uma bolacha. Eu falo *cara* e ouço *meu*. Eu pego uma *night* e volto da balada. Abre o sinal, eu atravesso o farol. Boto um short e saio de shorts. Eu peço um sanduíche e vem um lanche. Eu encho uma bola e ela vira bexiga. E vice-versa.

Quando eu era pequena, colocava ketchup na pizza. Ainda bem que eu evoluí, e os cariocas também. Na minha casa nunca teve macarronada da mama. Mas mate não faltava. No Rio, como feijão-preto. Em São Paulo, curiosamente, é o feijão-carioca (aquele marrom). Pra mim, não importa. Feijão bom é feijão no prato.

No Rio, sempre dou um beijinho e deixo a pessoa no vácuo. Volto pra São Paulo, sapeco dois beijinhos e fico no vácuo.

Vou ao shopping no Rio e predominam as rasteirinhas. Em São Paulo só dá bolsa de grife. Nunca sei se canto é pique, é pique, é pique ou é big, é big, é big.

Dirigir em São Paulo é pegar trânsito na marginal. Dirigir no Rio é um verdadeiro caos. Vista para os paulistas é pôr do sol entre um mar de prédios. Para os cariocas, não é vista se não tem um mar de verdade.

No Rio me chamam de Beatriz. Em São Paulo me chamam de Bia. A verdade é que eu sou paulista e carioca. Por isso tenho o privilégio de entendeeerrr o que não estou enteindeindo.

♡

Questão de educação

Uma vez, um mapa astral que eu fiz disse o seguinte: "Você tem grande aversão por todas as formas de afetação e esforça-se para permanecer natural em sua abordagem da vida". Eu sei que parece um autoelogio, mas isso tem pautado penosamente a minha vida. Confesso que eu gosto de falar mal, principalmente de mim, mas dessa vez não vai dar para poupar os demais.

Eu tinha uns 20 anos e era estagiária de uma grande agência de publicidade. Em um jantar com o pessoal, uma pessoa mais velha e bem-sucedida, carregando uns óculos maiores que a cara, me perguntou (em inglês!): "Quem é o seu pai?". Eu respondi: "O Chico". "Chico do quê?". "Cunha". "O que é que ele faz?". "Ele é engenheiro". "Onde ele trabalha?". "Numa construtora". "Qual?". "Não lembro o nome". Então ela desistiu de achar algo que me colocasse no mapa, me olhou com o queixo ligeiramente elevado, e eu quase pude ouvi-la pensar: "Se você não é alguém e nem é filha de ninguém que interessa, o que está fazendo nessa mesa?". Comendo, ué.

Confesso que tem algumas expressões que me dão refluxo. A saber: "um clã", "de uma família tradicional de Ribeirão Preto" ou, ainda, "de uma família quatrocentona". Este último termo surgiu na celebração dos 400 anos da cidade de São Paulo para designar a elite paulistana tradicional, que se achava descendente de Dom Pedro. "Ah, é? E daí?". E, por fim, o famoso nome e sobrenome: "Augustinho Bragança de Mello, muito prazer". Eu me pergunto: "E a família tradicionalmente bacana, a família que a gente escolhe e a família animada há mil anos? E se apresentar como Guto, não pode?".

Tem outras coisas que eu ouço que me dão frieira. São elas: "são donos da cidade", "têm propriedades", "têm terras" e, para fechar, "têm dinheiro de família". E quem é dono de um coração gigante, um sorriso largo, é proprietário de uma churrasqueira e tem dinheiro de tanto ralar, não serve?

Quando eu escuto as próximas colocações, fico com conjuntivite na hora: "ela tem gosto", "tem classe", "tem nível" e o clássico "ela tem educação" (não aquela de dizer "obrigada", mas a do talher de peixe). E quem tem fé, graça e inteligência? E quem não tem, mas simplesmente é?

E, para fechar, o que me dá uma caspa danada: "filho legítimo", "bem-nascido", "herdeiro" e, finalmente, "sucessor". E quem é herdeiro de alegria, sucessor do bom humor e legitimamente gente fina, tá dentro?

Para alguns tipos de refluxo, frieira, conjuntivite e caspa, o que funciona mesmo é o bom senso. Pois, afinal, como diria meu filho, tem muita gente desumilde por aí. Eu não sou perfeita, também tenho meus momentos. Mas, mesmo que você faça parte de um clã, tenha propriedades, classe e seja bem-nascido, o importante é, no final do dia, tirar a meia e botar o pé no chão.

♡

Perdida no espaço

Para quem sabe o valor de uma naninha para uma criança, ouça esta história. Estávamos viajando e eu fiz a besteira de lavar a naninha do meu filho. Todo mundo sabe que lavar a naninha, com o perdão da má palavra, é cagada. Tem qualquer coisa com o cheiro da baba que é fundamental para seu filho repousar e te deixar em paz. Mas essa não foi a única imbecilidade que eu fiz. Chegando em casa, me dei conta de que eu tinha perdido esse paninho surrado e tão valioso. Dei uma rachada na cuca e lamentavelmente concluí: eu tinha esquecido a naninha na secadora do hotel. O problema é que essa secadora estava a 9 mil quilômetros da minha casa. Na hora de dormir, no desespero, ofereci uma fraldinha do Mickey, na tentativa de amaciar o coração do menino. Quando ele se ligou de que se tratava de uma impostora (eu e a naninha), começou a tremelicar o beicinho e abriu um berro que deu para ouvir lá na secadora onde estava a dita-cuja. Tentei não entrar em pânico, fazendo respirações ritmadas, e quase desmaiei. Naquela noite ninguém dormiu. Nem na noite seguinte. Mas uma hora ele se acostumou com a ideia de que a mãe era sem noção (isso sem saber que eu ainda faria muitas dessas) e, para a alegria de todos, voltou a se entregar aos braços de Morfeu.

Perder coisas já faz parte da minha personalidade. Eu sou do tipo que esquece o celular na geladeira e que perde um pé de sapato dentro da sapateira. Nessas horas não tem jeito, tenho que chamar o resgate: meu marido. Ele acha até tarraxa na areia. Aqui, a lógica de que o homem perde e a mulher acha não vale. E o São Longuinho nessa? Já ofereço de cara 36 pulinhos, mas acho que ele já fez demais por mim nesta vida.

Eu tenho uma fantasia de que um dia vou encontrar um baú com todas as coisas que eu já perdi. Tipo o "achados e perdidos" do colégio, que não preciso nem dizer que fazia parte da minha rota semanal. Me lembro com saudade de muitas coisas que eu perdi. Tenho uma caixa inteirinha de brincos sem par que eu guardo, na esperança de um dia encontrar o baú. Mas, se um dia o encontrar, posso me deparar com um gel New Wave, um fru-fru verde-limão da Pakalolo, um *gloss* moranguinho e uma fita cassete do New Kids on the Block. Então, constatarei, aliviada: tem coisas que devem ficar no fundo do baú.

♡

Underdress

Já sabemos que a vida é feita de frustrações e dos intervalos entre elas. Em maior ou menor grau, desde a infância, elas marcam nossa vida dolorosamente. Essa é a história de uma frustração que eu vivi recentemente. Talvez você a ache fútil. E acho que ela é mesmo. Mas isso não a impediu de assolar intensamente um momento da minha vida. Como somos todos espíritos elevados, não vamos menosprezar a dor dos outros.

Quem já errou o *dress code* em uma festa (mulheres, principalmente) sabe quanto isso pode ser devastador. Outro dia, a sócia muito querida do meu marido se casou com uma mulher que eu não conhecia, mas, depois de cumprimentá-la, me deu vontade de ser sua amiga. A celebração foi pautada por amor verdadeiro e profundo, homenagens lindamente cantadas e dedilhadas ao violão, além de muita emoção genuína dos seletos convidados. Lá, encontrei pessoas que eu não via fazia anos. Confesso, envergonhada, que não reconheci algumas delas, mas me receberam com festa mesmo assim, corrigindo gentil e alegremente minha memória pós-covid. A festa estava cheia de gente do mercado audiovisual (cinema, trilha sonora, fotografia). Ou seja, gente interessante e divertida pra caramba. Ainda tive uma deliciosa surpresa. Um dos padrinhos do meu casamento e o seu namorado, amigos muito próximos, mas, lamentavelmente, distantes pela vida corrida, surgiram na festa. Quanta oportunidade de me conectar com as pessoas. Meu filho se esbaldou. Tem eventos em que ele fica o tempo todo sentado, de sapato apertado, no TikTok. Nessa, o clima era tão livre e leve, que ele ficou rodando espontaneamente pelo espaço, se comunicando com todo mundo. Em determinado momento, uma moça muito simpática me perguntou: "Você é a mãe do Antônio?". Eu disse que sim, que eu era esposa do Guilherme. Ela me disse: "Guilherme eu não sei quem é, mas o Antônio já é meu amigo".

O casamento foi de dia, numa casa modernista elevada por pilotis, com esquadrias amarelas, um quintal generoso, muito verde e luzinhas cruzando o jardim, só para confirmar que poderia ser na Toscana. Maravilha, né? Só que teve um pequeno detalhe. Antes do casamento, eu fui atrás de uma roupa bacana para ir à festa. Fiz a mão, o pé e a sobrancelha e programei de fazer cachos estonteantes no *babyliss* (ou uma trança embutida, quem sabe). Para uma mulher minimamente vaidosa, uma festa dessas, além de uma curtição, é sempre uma oportunidade de brilhar. Preocupada com o meu *look*, fui à casa de uma amiga, provei tudo o que ela tinha de colorido e florido e escolhi uma saia longa magnífica. Depois ainda me lembrei de um vestido meu, divino, simplesmente estampado com a cara da Frida Kahlo (imagine isso no meio do público das artes). Dá pra ser mais perfeito? Pois bem, minha irmã, que também foi convidada e tem a credencial de ser uma excelente *personal stylist*, se deu ao trabalho de me ligar para dizer que eu não me emperiquitasse para a festa, pois seria superinformal. Ela própria não foi, pois ficou doente, mas certamente não iria seguir seus próprios conselhos e iria arrasar. Meu marido, que não tem credencial de porra nenhuma, corroborou essa informação, ressaltando que – para que eu tivesse uma ideia – o menu seria comida de festa junina feita pelas noivas. Ou seja, eu já pintei a cena de uma delas tirando um curau de milho de um cesto de palha e a outra me oferecendo uma linguiça no palito. Ok, estava claro, seria um casamento despretensioso, alternativo e até "hiponga", como disse um deles. Para melhorar, no dia fez frio. Ou seja, com qualquer roupa que eu fosse, mesmo guarnecida de uma descontraída jaqueta jeans, eu iria congelar. Aí veio a cagada. Aquela decisão da qual a gente se arrepende pra sempre. "Pra sempre" é um termo forte, mas, para uma pessoa como eu, foi o suficiente para chorar um domingo inteiro e ainda derrubar umas lágrimas nos primeiros dias da semana.

Pressionada, raivosa, sei lá, eu simplesmente resolvi desencanar e fui com uma roupa perfeita para tomar um sorvete no shopping. Uma calça preta, uma sapatilha preta, uma blusa de viscose (quem conhece sabe que não era o caso) e um casaco cinza estranho da minha mãe. Dropei um rímel e não fiz porra nenhuma no cabelo. Chegando lá, o que eu encontro? Mulheres descoladas com os tais vestidos coloridos e floridos, cabelos feitos, maquiagem de responsa. Sabe quando dá vontade de apertar "Ctrl + Z" na vida real? Imagine como eu me senti. Meu marido, canalha, foi de calça, camisa e sapato. Um lindinho. A festa era longe da minha casa, mas eu deveria ter voltado na hora pra me trocar. Mais um *turning point* onde eu peguei o caminho errado, para me martirizar ainda mais depois. A comida era mesmo junina, mas muito bem-servida por garçons e copeiras, vestidas como eu. Resultado: ninguém falou nada, é óbvio. Fotinhos coletivas pro Instagram abraçada a vestidos modernamente estampados e sapatos estilosos, e eu trajada com roupa de aeroporto e cabelo recém-secado ao vento. Se a festa foi boa? Foi demais. Se as pessoas foram carinhosas comigo? Súper. Elogiaram meus textos? Mais do que eu mereço. Comi canjica até ir embora? Você não tem ideia. Mas nada disso conseguiu evitar que, no fim da festa, ao tirar o maldito rímel, eu caísse num pranto ininterrupto de 24 horas, remoendo sofridamente o que eu poderia ter feito para salvar aquela situação. Ardi no arrependimento e sabemos que arrependimento é veneno pra alma. Amassei o vestido da Frida e a saia da Farm e soquei dentro do armário (com socos mesmo). Contei essa história para algumas pessoas, na tentativa de elaborá-la. Eu sei que parece *over*, mas confesso que ela rendeu uma consulta inteira de terapia. Como o pessoal me consolou? "Bem que eu achei sua roupa estranha na foto." "Não entendi nada quando eu vi você de preto." "Agora que você aprendeu, na próxima você não erra." "É por isso que eu digo, é preferível ir *overdressed* a *underdressed*." É fácil ser engenheiro de obra pronta. Meu coração só amansou quando contei a história a uma amiga muito especial, que disse: "Nossa, mas sua energia estava tão radiante nas fotos que eu nem reparei na sua roupa. Você estava linda, amiga". Amada. Foi aí que parei e me dei conta, constrangida, de quanto o amor das noivas, as risadas, o carinho, a boa música e a canjica não podem ser menos importantes do que cachos largos.

♡

Vida em série

Mr. Big trair a Carrie Bradshaw agora é problema meu, afinal, a city precisa de sex. Dra. Meredith Grey perder o Dr. Derek foi um baque pra mim. Se o Dr. House estivesse lá, nada disso teria acontecido. Em Winterfell, eu e John Snow adoramos jogar o jogo dos tronos. O problema é que o inverno está chegando e não temos lenha. Carrie Mathison é minha colega bipolar. Ela tem certeza de que trabalha na CIA. Votei em Frank Underwood para presidente, mas o castelo de cartas caiu. Eu tinha pensado em votar no Tom Kirkman, mas para ele tudo acontece em 24 horas. Só não votei no Fitzgerald Grant porque seria um escândalo. Mas guardei meu dinheiro com Bobby Axelrod. Ele tem bilhões. Fui viajar e fiquei na casa de Jack Pearson e Rebecca. Afinal, this is us. O professor é meu mestre e Tokyo, minha líder, mas eles moram em uma casa de papel, então prefiro ter aula com o Merlí. A rainha Elizabeth me ensina boas maneiras, mas não sei se estou indo muito bem. Joel McHale, o Tiger King, é dono do pet shop da minha cachorra. E Walter White, quando está breaking bad, é de entorpecer. Don Draper me deixa totalmente mad. Quando Harvey Spector veste um suit, fica irresistível. Félix Gallardo é o meu anfitrião no México, não me importa se o negócio dele é sujo. Esty é minha amiga nada ortodoxa. E Bia Garbato, minha melhor personagem.

♡

I wanna hold your hand

Oh please, Mr. Postman, leve minha carta para esse rapaz. All I need is love, por isso preciso que ele hold my hand. Yesterday foi bom, mas it's been a hard day's night. Por isso, help! Eu preciso que ele come together e, principalmente, que don't let me down. Espero que ele pegue um ticket to ride e get back para mim. Here comes the sun e eu preciso de companhia. Foi uma long and winding road até aqui. Quero alguém para viajar comigo across the universe. Ele não precisa mais hide his love away. Mas não se preocupe, it's only love, então, let it be. Não esqueça de dizer a ele: "She loves you". Será um little help from you, my friend. You can't buy me love, mas pode me dar uma forcinha. Esta carta é um pedido: "So, please, love me do". E no final arremato: "P.S. I love you".

♡

Nos tempos da escola

Comprar o material escolar sempre foi o melhor momento do ano. Marcas importadas? Frozen, Harry Potter? Que nada. Caneta Bic, lápis grafite e, para os sortudos, lapiseira que trocava de ponta. Na véspera do primeiro dia de aula, eu virava a noite, na certa. Revisava cem vezes os seis zíperes da minha mochila da Company, o estojo de três andares e os novos lápis de cor na ordem do arco-íris. Nesses dias eu já dormia de uniforme e deixava a Kolynos na escova pra não perder tempo.

Tinha lugar marcado na classe e número de chamada. Beatriz era sempre número 2. Maldita Ana Paula. Enquanto o professor escrevia na lousa, a gente tinha que fazer silêncio. Só que a turma do fundão não concordava com isso e acabava na coordenação. Apesar de também fazer parte dessa turma, eu era boa aluna e ainda tinha carinha de santa, o que me fazia escapar de quase todas. Eu só não me livrava quando a professora me pegava passando um bilhetinho falando mal de alguém. Muitas vezes, dela mesma.

Na cantina tinha hambúrguer, coxinha e batata frita. Bons tempos aqueles. Eu ia de ônibus escolar sem cinto, pois não tinha. Mas cinzeiro tinha. A escola era longe, então eu e meus irmãos acordávamos bem cedo, confiando no meu rádio-relógio. O meu café da manhã era gemada, uma combinação cruel de gema, açúcar e leite. Minha irmã comia farinha láctea com leite. A mistura ficava tão dura que dava para assentar tijolos. Meu irmão fazia um Toddy com uma gota de leite, de travar o maxilar.

Na escola a diversão era pogobol, fluffy e mola maluca, que, curiosamente, hoje voltaram a fazer sucesso. De lá saíram amigos, brigas, primeiros namorados e o cobiçado Reebok Pump. Além dos bailinhos com dança da vassoura ao som de Roxette.

Era sucesso quebrar o braço, usar aparelho e óculos. Eu não achava tão legal assim. Minha mãe tinha escolhido a dedo pra mim uns óculos iguais aos da Velma, do *Scooby-Doo*. Pareciam dois telões unidos no meio. Não era raro me perguntarem o que estava passando na TV. Não foi fácil sobreviver à escola, mas, hoje, a vida sem gemada, lapiseira troca ponta e pogobol não tem mais tanta graça.

Lembra do bipe?

Que saudade de mandar um bipe, de ficar olhando pela janela, e não para uma tela. Saudade de soprar a fita do videogame, de tomar Quik de morango e comer cigarrinho de chocolate. De esperar por um desenho que vai passar na TV, de amar a Xuxa e de ter uma boneca do meu tamanho. Saudade de andar de mobilete, de pular elástico e ouvir a fita do Dominó no meu primeiro Gradiente. Que saudade de jogar Genius, de deitar no carpete bege e de ouvir meu pai assistindo à Fórmula 1 no domingo. Que saudade do coquetel de camarão, dos canapés e de quando estrogonofe era um prato chique. Mas não sinto a menor falta de comer bife de fígado acebolado, geleia de mocotó e macarrão com espinafre. Não esqueço de quando eu tomava Biotônico Fontoura pra abrir o apetite, mel com cachaça pra dor de garganta e Maracugina pra ficar boazinha. Naquela época, os cachorros eram grandes e ficavam no quintal. E, infelizmente, os passarinhos moravam na gaiola. Também lembro de quando psicólogo era coisa de maluco, mas acreditar na loira do banheiro era normal. Tenho saudade de quando minhas responsabilidades eram ir bem na prova de História, tirar meu prato depois do jantar e fazer minha cama aos domingos. Mas o que aprendi com tudo isso é que bom mesmo é viver cada momento, pois um dia vamos sentir saudade deles.

♡

Simples assim

O que eu mais quero não é dinheiro, muito menos fama. O que eu quero mesmo é simplificar a vida. Para começo de conversa, acabariam os cremes. Baita coisa melada e de resultado duvidoso. Complexo vitamínico eu deixaria para os legumes e verduras, que vou pensar se serão orgânicos ou não. Vitamina D fica sob responsabilidade do sol. O cabelo eu deixaria bem curto, o que economizaria em xampu e na conta de água. Não tiraria a sobrancelha. Afinal, tanta gente quer, por que a gente tira? Só usaria um par de brincos de pérolas, que são eternas. Roupa, sempre de ginástica, que dá flexibilidade. Não teria carro, só andaria de bicicleta ou a pé, aproveitando pra botar a cabeça no lugar. Não colecionaria nem sapato, nem bolsa. Um chinelo e um tênis, pra que mais? Não assistiria à TV, me dedicaria a bons livros, bons vinhos e bons papos. E voltaria a brincar. Por que não? Redes sociais, nem pensar. Não gastaria com ansiolíticos. Escolheria cinco amigos, para poder cuidar direito. E cinco parentes, para não ter de quem falar mal. Não guardaria rancor. Trabalharia em home office, já que está liberado, e esqueceria de vez a palavra trânsito. Aliás, não faria mais a cama, coisa mais sem sentido. Comeria frango segunda, bife na terça, peixe na quarta, ovo na quinta, porco na sexta, macarronada no sábado e pizza no domingo. Assim não teria que pensar muito. Não brigaria com meu filho nem com meu marido (só uma vez por semana, vai). Dormiria quando tivesse sono e acordaria quando não tivesse mais. Tenho certeza de que vivendo assim meu único luxo seria ser feliz.

♡

Pipoca doce

Você tá no trânsito. Digamos assim, na Rebouças. Não está necessariamente com fome, mas inevitavelmente ansiosa. Eis que passa um tiozinho segurando um cabo de vassoura cheio daqueles saquinhos cor-de-rosa. Sim, é a pipoca doce de farol. Você nem pensa, abre o vidro e manda: "Quanto custa, moço?". "Quatro." Você saca uma nota de cinco e fala pra ele ficar com o troco. Depois de um esforço danado para abrir aquele saco plástico, ele se rasga de maneira disforme, deixando escapar algumas bolotinhas de isopor. Você começa a comer. De cara vem aquele troço terrivelmente mole, sem açúcar e sem gosto. Então você começa a devorar as pipocas compulsivamente, na busca obcecada pelo floquinho perfeito. Quando está quase desistindo, lá vem ela, crocante e açucarada, que leva seus sentidos à loucura. Por alguns instantes, a vida faz sentido. Só que o bem-bom dura pouco, e lá vai você recomeçar a saga, tudo de novo. Esse processo também vale para um tubinho de jujuba. Você sobrevive à de limão, à de laranja e à azul (anis?), contando os gomos até o seu grande objetivo, a de uva e a de morango. Se a gente pensar bem, a pipoca doce e a bala de goma lembram muito a vida. A gente segue mastigando isopor e balas azedas, na busca resiliente por momentos doces e prazerosos. E, quando eles acontecem, nos enchem de esperança e força para seguir buscando. Mesmo que tenhamos que enfrentar algumas balas Juquinha sabor abacaxi no caminho.

♡

Elevador

Ele, dez minutos adiantado pro dentista.
Ela, quinze minutos atrasada pra terapia.

Ele entra no elevador calmamente.
Ela entra no prédio correndo e fala esbaforida pro porteiro: "Quarto andar, vou na Sônia, meu nome é Priscila...", enquanto atropela a cancela.
Ele segura o elevador.
Distraída, ela diz "oi" e dirige o dedo ao botão do número 4.
Já está apertado, assim como o sexto.
Ela olha pra ele.
Ele: "Eu ouvi você falando".
Ela: "Ah..."
Risinhos sem graça.

Ela viu os olhos dele. São azuis. Meu Deus, como são azuis. E que sorriso.

Ele: "Dentista?".
Ela: "Não. Terapia..."
Ela imediatamente se repreende, baixinho: "Terapia?".

Quarto andar.

Ela sai apressada: "Tchau, tchau".
Ele, no mesmo lugar: "Até logo".

Uma hora depois.

Ela espera o elevador. A porta se abre.
Sim, ele está lá. E mais um monte de gente.
Troca de olhares. Tão azuis, ela lembra.
Uma mulher com um neném no colo.
Juntos: "Como se chama?"
Risinhos.
Nem escutam a resposta.
Saem juntos do elevador.
Ele pergunta: "E a terapia?"
Ela, desprevenida, responde: "Ah, foi bem. E o dentista?"
Ele: "Uma merda". Ri.
Ela se pune mais uma vez: "Claro..."

Eles saem do prédio.
Ele, apontando para a direita: "Seu carro está pra...?"
Ela: "Lá".
Ele: "O meu também".
Falsas caras de espanto: "Que coincidência!"

E saem caminhando em uma "noite quente, né?", numa "rua tranquila, essa, não?"

"Onde você mora?"
"Numa travessa da Rebouças, e você?"
"Perto do Pacaembu."
"Gostoso, lá."

Ansiosa e sem saber o que dizer, ela chuta, perguntando se ele tem um cigarro.

Ele: "Eu parei faz uma semana".
Ela: "Então eu vou até ali comprar".
Ele: "Te acompanho".

Ela: "Não quer fumar?"
Ele: "Não. Será? Ok, passe um pra cá".

E chegaram ao carro dela. E não foi apenas um cigarro. Alê, Pri. 32, 24. Ela tinha aula, ele tinha que voltar pra trabalhar. Mas não seria todo dia, então ficaram por ali mesmo. Descobrindo e encobrindo o que interessava de suas vidas. E duas horas voaram. E, no final, trocaram telefones.

Ela: "E se der certo, hein?"
Ele: "Vai ser uma boa história".
Risos.

Ele a chamou para jantar. Ela não pôde. Ela o convidou para um sambinha. Ele tava na praia. Nunca mais se viram.

♡

O mercado tá livre

Depois da quarentena, uma coisa passou a fazer ainda mais sucesso: as compras on-line. Hoje o importante não é mais saber onde tem o sapólio mais barato, isso ficou fácil de descobrir no Rappi. O lance agora é saber qual é o valor mínimo, o custo do frete e o prazo de entrega.

Toda vez que recebo uma encomenda, devido à minha falta de memória e à quantidade de coisas que eu compro (de pilha a aspirador), nunca lembro o que está no pacote. Toca a campainha e já me dá um frio na barriga. Corro para a porta com a sensação de que é meu aniversário e me mandaram um presente. Abro ansiosamente a caixa e descubro que me dei um saco de aspirador. Nem sempre a gente acerta.

Até aprender como funcionava, bati muito a cabeça. Achei que tinha pedido uma penca de bananas. Veio uma banana só. Comprei 4 cebolas. Vieram 4 quilos. Comprei um xampu, veio um condicionador. Comprei uma blusa rosa, era roxa.

Quando vem algo errado ou um produto com defeito, o presente vira um presente de grego, uma ida aos Correios. Em tempos de pandemia, era mesmo um castigo suar a máscara na fila do Sedex.

O Mercado Livre me impressiona. Não se acanhe, peça o que quiser. É tipo um Papai Noel virtual. Uma tuba? Tem. Uma Kombi amarela? Claro. A Bíblia Sagrada autografada pelos apóstolos? Te juro.

O iFood ficou sob suspeita, no começo. Comida transmite covid? Depois que liberaram até comida japonesa, passou a ter mais moto do que asfalto na rua. Outro dia, li na traseira de uma delas: "comida molecular". O que será isso, meu Deus? Lamentei não ter me dedicado mais às aulas de Química.

Eu, que amo uma farmácia, desde então estou me realizando. Compro cotonetes num dia, no outro, Salonpas (vai que eu dou um mau jeito) e Epocler (vai que eu resolvo tomar um porre).

E fazer um *look* on-line? Adoro dar uma garimpada na C&A, entrar na Renner, dar um pulinho na Riachuelo e acabar na Zara, enquanto faço banho de creme no cabelo.

Tem mais uma parte muito legal nisso tudo. Passamos a comprar de produtores locais. Frutarias orgânicas, fazendas de gado de pasto, granjas que não usam antibióticos. Só de falar já me sinto melhor.

Pois é, o mundo mudou, mas nem tudo foi para pior. Ganhamos rapidez, comodidade e praticidade. Fazer compras sentados no sofá veio para ficar. Sem contar a felicidade de ganhar um presente a qualquer momento. Mesmo que seja da gente mesmo.

♡

CAPÍTULO 8

#sentimentos

#(in)gratidão

Fiz uma torta funcional de figo, ficou incrível. Nem parece que usei farinha de amêndoas, chia, leite de castanha, figos orgânicos, açúcar demerara e finalizei com tâmaras. Aprendi com a Bela Gil. Além de nutritiva e saudável, a torta ficou bem boa. Principalmente se considerarmos que foi a primeira vez que eu fiz. Fotinho linda pro Instagram e a legenda: "Obrigada, Bela Gil, ficou uma delícia". #gratidão

Uma outra visão sobre a mesma torta. Queria comer brigadeiro, mas olhei meu umbigo repousando num travesseiro de gordura e resolvi fazer a tal torta de figo natureba da Bela Gil. Eu estrago até ovo mexido, mas com instruções em *streaming* tinha mais chances de dar certo. Pelo que eu entendi, a torta, além de simples, era rapidinha de fazer. Ela só esqueceu de avisar que, para providenciar os ingredientes, eu tinha que passar no Mundo Verde, numa feirinha orgânica na Vila Madalena e no Whole Foods (lá nos Estados Unidos). Mas tudo bem. Segui a receita na base do *play* e do *rewind*. Fiz isso tantas vezes que meu celular ficou parecendo um biscoito amanteigado, polvilhado com açúcar demerara. Coloquei a torta para assar e fiquei curvada, olhando o forno iluminado. Ansiedade total. Então ela ficou pronta. Não saiu muito bonitinha, já que foi a minha estreia no mundo das tortas. O cheiro até que estava gostoso. Provei. Hum... O gosto? De verdade? O gosto estava uma merda. Melhor comer o celular. Sem fotinho no Instagram dessa vez. #ingratidão

Sábado. Acordei tarde e, sinceramente, podre. O café da manhã do meu filho foi reforçado: Salamitos, *waffle* congelado com Nutella e suco de groselha. Botei a roupa de ginástica, mas acabei no shopping, dando pinta de que tinha corrido 5 km pela manhã. Voltei, bati um resto de lasanha, fiquei olhando fotos dos sábados alheios, enquanto meu filho jogava Fortnite e dizimava os inimigos aos berros. Mas que grande dia, hein? #ingratidão

O mesmo sábado em outro ângulo. Pude descansar um pouco mais e acordei revigorada. Servi um café da manhã equilibrado pro meu filho: proteína (Salamitos), fruta (groselha), carboidrato, para dar energia (*waffle*), e creme de cacau e avelã, afinal, é importante ter oleaginosas na dieta. Botei uma roupa de ginástica, que, além de confortável, é flexível, para me acompanhar durante o dia. E, ainda por cima, valoriza minhas qualidades. Comi mais um pedaço da lasanha, que, *by the way*, estava ótima. Escrevi este texto enquanto meu filho jogava videogame on-line e interagia com os amigos. Grande dia. #gratidão

No final das contas, a felicidade está em enxergar o lado bom. Só depende da cor da lente dos nossos óculos. E pelo lado bom da nossa vida sejamos gratos. Como você, que gastou um tempinho para ler o que escrevi. Pra você, minha hashtag gratidão.

♡

#culpa

Culpa é uma palavra feminina. Não é à toa. Não que os homens não sintam culpa, imagine. Mas as mulheres têm um apreço especial por esse sentimento tão desagradável e, ouso dizer, inútil.

Quem disse que a gente tem que ser a Mulher-Maravilha da maternidade, a Capitã Marvel das donas de casa, a Batgirl das esposas e a She-Ra do trabalho? Quem falou que temos que salvar o mundo todos os dias e ainda ter o corpo de todas elas juntas?

Sentir culpa é ser cruel com a gente mesma. Por exemplo: o moleque vem correndo, tropeça num Pokémon, cai com a testa numa peça de Lego, chora. Pronto, um prato cheio: #aculpaehminha. Minha filha, o que você acha que poderia ter feito? Ficar que nem a Galinha Pintadinha, empoleirada ao lado do seu filho, sair correndo junto com ele, afastar o Pokémon do caminho e colocar uma almofada para o menino meter a testa? Tenha bom senso e se perdoe por não ter feito essa loucura.

Um cliente em potencial não fechou o trabalho que você orçou. O básico: "Eu devia ter cobrado menos". Se ele tivesse fechado na hora, você ia achar que devia ter cobrado mais. Então começa: "Será que ele não foi com a minha cara na foto do WhatsApp? Será que foi porque eu escrevi 'obrigada' com duas exclamações?". #culpaaaaa

Você tá vendo um seriado e mal consegue prestar atenção, pensando: "Eu podia estar lendo um livro". Você tá lendo o livro: "Eu devia estar meditando". Está meditando: "Caramba! Esqueci as compras no porta-malas". Não tem fim. #hajaculpa

Abriu a geladeira. Não estou com fome, não estou de TPM, não estou com hipoglicemia... Ah, que se dane, vou comer esse bolo de morango com leite condensado. Prazer intenso. Não precisa nem acabar de comer. #culpatotal

O antídoto para o #culpa é o #foda-se. Não é fácil de usar, mas, quando conseguimos, é uma sensação única. É tão libertador quanto deitar no sofá e assistir *Emily em Paris* (ou *Velozes e Furiosos*) tomando Coca normal numa quarta à tarde. Mesmo com o mundo desabando ao redor.

♡

#inveja

Inveja é um sentimento difícil de comentar. Sentir inveja é feio, é mau, é para os outros. Invejosa, eu? Jamais. Ocorre que invejar é humano. Veja: aquela amiga que você adora está indo pra Disney, enquanto você tá com tendinite no cotovelo por causa do mouse. "Vai com Deus, amiga querida, tomara que você tome um picolé com orelhinhas e vomite na Space Mountain." #invejapesada

Mesma situação, outro ângulo. Aquela mesma amiga que você adora está indo pra Disney, enquanto você está tomando anti--inflamatório pra lesão por esforço repetitivo. Você adoraria estar na situação dela, mas deseja que ela aproveite bastante, poste fotos (não muitas) e traga dicas para o dia em que você for visitar a Minnie. #invejalight

O marido da sua amiga acorda cedo no sábado para ficar com a filhinha. Além de dar para a criança uma frutinha (ter o saco de cavucar um mamão e parcelá-lo em 35 colheradinhas), assiste *Patrulha Canina* cantando a musiquinha. No mesmo sábado, o seu marido acorda lá pelas 11 horas, depois de você abrir a cortina e chamar seu filho para batucar um tambor na orelha dele. #invejamórbida

Outra visão da mesma história. O tal marido da sua amiga cai da cama no sábado e enfia, sonâmbulo, o mamão na boquinha da menina. Ele ainda canta, entre bocejadas, "Marshall, Rubble, Chase, Rocky, eles vão também!". Tudo bem que o seu marido ronca tão alto que dá pra ouvir na garagem do prédio e o seu filho é viciado em TikTok. Mas pensa, o marido dela dá "boa-tarde" quando ela acorda às 8h30 e enche o saco dizendo que a dieta da menina precisa ser mais balanceada. Ok. #nemtantainvejaassim

O Instagram deveria se chamar Invejam. A gente destrava o celular e é automático, damos uma geral na rede social. Quase entediados, vamos rolando a tela e às vezes damos duas batidinhas para curtir a foto de mesversário do bebê de uma amiga. Mas o problema não é esse. O problema é que você tá besuntando corretivo numa espinha do mal que surgiu no seu queixo e uma conhecida aparece deslumbrante numa foto, com o cabelo loiro com ondas "bem naturais", em frente a uma vista linda (Salvador? São Francisco?). Para completar, ao lado dela está o namorado novo, que lembra vagamente o Cauã Reymond. Você olha a barriga do seu marido, olha a do Cauã, dá um *like* para parecer superior e deseja que o silicone dela exploda.

Mas tudo é uma questão de ponto de vista. Se você se compara com aquela amiga que tem uma casa linda, com seis quartos, um quintal enorme, com espécies raras de bromélias, você sente que mora numa barraca de *camping*. Mas, se você pensar bem, deve ser *punk* cuidar dessa casa e gastar mais com o jardineiro do que com você.

A verdade é que bom mesmo é valorizar o que a gente tem, quem a gente ama e, principalmente, quem a gente é. Não vale a pena se definir pelos outros. Porque a real é que, enquanto você tá murchando as bromélias da sua amiga com os olhos, ela pode estar desejando, quem sabe, escrever um livro como este. #in-ve-je-me

♡

CAPÍTULO 9

Pensamentos

Vai dar merda

Somos catastrofistas natos. Em maior ou menor grau. Mesmo o mais otimista dos seres às vezes ignora as evidências e pensa: "Vai dar merda". A verdade é que sofrer por antecedência é sofrer à toa.

A burrada clássica: você pega o resultado do exame, não resiste, abre e lê. Tá lá: "pólipo oblíquo desconexo impávido taciturno". Por um segundo, tenta decifrar aquilo, como se fosse um sudoku. Obviamente, não chega a lugar nenhum. Joga na internet. Junta algumas informações aleatórias e conclui que boa coisa não é. Tenta pensar nas férias, mas uma voz sopra insistentemente em seu ouvido: "Vai dar merda". Só que a consulta com aquele médico concorrido é dali a uma semana. Aflita, começa a ligar pros filhos. Se emociona ao dizer que tem 95% de chance de estar com uma doença grave (porcentagem estabelecida pela sua infalível intuição). Preocupados, eles te visitam (ai se não visitassem). Com os olhos fechados, você dá um abraço apertado em cada um. Sabe-se lá até quando poderá fazer isso. Não dorme, imaginando seu triste futuro. Seu par até tenta amenizar, mas você pede, com um certo aborrecimento, que ele tenha mais respeito pelo que você está passando. Ele acha mais prudente se calar. Você posta no Instagram um vídeo emocionante chamado "As mães não estarão aqui para sempre".

Chega o fatídico dia. Você aperta forte a mão do seu cônjuge, pois não sabe se vai aguentar. O médico te chama pelo nome. Com o semblante abalado, os olhos bem abertos e ligeiramente pendendo pra frente, espera com ansiedade o doutor ler calmamente os exames. Ele finalmente dá o diagnóstico: "Tá tudo bem". Você fica em silêncio, depois pergunta: "E o pólipo?". O médico diz: "Não é nada". Não satisfeita, você pergunta: "Mas é grave, doutor?". Ele repete, um pouco impaciente: "Não". Insiste: "Mas é caso cirúrgico?". Ele respira fundo e responde, incrédulo: "Definitivamente, não". Você cai num pranto. Tem coisas que não são fáceis de ouvir.

E se?

Já sabemos que a vida é um mundo de possibilidades e que somos obrigados a fazer escolhas o tempo todo. Mas ficar pensando no que poderíamos ter feito diferente é, no mínimo, perigoso. E se eu tivesse ido morar fora? E se tivesse casado com o namorado do colegial? E se eu tivesse feito veterinária? Veja um exemplo prático: você tá enfrentando um temporal na Marginal Pinheiros às 18h de sexta-feira. O Waze te diz: "Amiga, pega essa ruazinha escura aqui à direita, que você vai chegar 14 minutos antes no seu sofá". Obviamente, você não tá a fim de ficar ouvindo ele dizendo: "Acidente reportado à frente", enquanto você está com meia roda num maldito bueiro alagado. Muito obediente e cagona, você pega a viela. Só que, de repente, o Waze enlouquece. Começa a pintar tudo de vermelho, recalcular o tempo, que vai aumentando vertiginosamente. Te dá um calor no rosto e logo vem à cabeça: "E se eu tivesse seguido na Marginal, aquela via larga e familiar?". Você fica se martirizando ao pensar que, se tivesse seguido sua intuição (inventou isso agora, mas tudo bem), muito em breve estaria de pijama assistindo Amazon Prime. Você jura que está ouvindo a fofa do Waze rir da sua cara.

Amor, pensa comigo, a gente sabe que, se minha avó tivesse rodas, ela seria uma bicicleta. E, se você tivesse asas, você seria um avião. E, se você fosse um avião, você teria que pousar lá em Guarulhos, já que Congonhas tá fechado, e pegar um Uber pra sua casa, que ia cair na Marginal Tietê. E sabemos que a Tietê é pior do que a Pinheiros. Depois você ia sair numa ruela travada, mais um presente do Waze, que iria recalcular, e você ia se lascar de qualquer jeito. E o "e se?" só te deixou mais nervosa. Resumo: liga o Spotify numa *playlist* tipo "Beatles obra completa" e fica se imaginando numa praia casando com o Christian Grey (50 tons de charme). Quando ele for te beijar, chegou.

Ficar de olho nas curvas que não fizemos na vida só nos faz esquecer as coisas boas que temos hoje. E, para isso, não tem Waze que nos coloque de volta no caminho.

Sim, mas...

Coisas boas e coisas ruins acontecem todo dia na vida da gente. Mas, quando aparecem coisas boas e melamos com um aspecto ruim, só alimentamos a infelicidade e, ainda, somos mal-agradecidos. Veja só: você suou a regatinha da Track & Field e está com a panturrilha que pediu a Deus. Você vai a uma festa exibindo um decote nas costas bronzeadas (autobronzeador) de um vestido roxo-berinjela que acabou de parcelar. Você não está circulando, está deslizando pelo salão. Uma amiga sua diz: "Nossa, você tá ótima, querida". E você, que tem grande dificuldade de receber elogios, rebate: "Sim, mas sobrou um gominho aqui na axila, tá vendo? Me gasto na ginástica, mas acho que só uma lipo vai resolver. Reparou que o vestido tem manguinha? É pra disfarçar". Então, você completa, educada: "Mas obrigada, de qualquer forma".

Um casal de amigos visita sua casa pela primeira vez. Você montou uma tábua de queijos, cada um com sua respectiva faca (presente de casamento que nunca usou). Para completar, acendeu velinhas de *vanilla* pela sala. De imediato, eles comentam: "Que casa linda. Que bom gosto. Você tem que me indicar seu decorador". Você responde, um pouco tímida: "Eu que decorei". Eles bradam, animados: "Precisamos da sua ajuda! Sua casa está fantástica". Então você sorri e se prepara pra aniquilação: "Sim, mas vocês ainda não viram o quintal. Ele é tão acanhado que, quando fazemos churrasco, fica um calor do bode e o cabelo sai cheirando a coraçãozinho de galinha. Mas, enfim, muito obrigada".

No mesmo instante em que você recebe um elogio ou se depara com uma coisa boa na sua vida, você acrescenta um comentário negativo que anula toda a possibilidade de satisfação, prazer e realização. Isso é conhecido como autossabotagem, e é crueldade, sem sim, nem mais. Você não tá na praia, não jogue areia na sua vida. Porque tá bom, sim, mas pode ficar ainda melhor.

♡

CAPÍTULO 10

Corpo insano

*Para quem não gosta de falar de doença, tem horror
a remédio e joga bula no lixo, sugiro pular este capítulo.
Quem não se incomoda com o assunto, convido a continuar a leitura.
Quem é hipocondríaco, vem que tem.*

Plantão médico

Para dar uma pista do que vou falar agora, minhas séries preferidas são *Grey's Anatomy*, *The Good Doctor* e *Dr. House*.

Tem gente que tem fobia de médico, hospital, exame, anestesia e, principalmente, de agulha. Eu não me incomodo. Pode furar, e eu ainda faço questão de olhar. Endoscopia, para mim, é programa. Vou à farmácia só pra ver as novidades. Talvez por isso papai do céu tenha me presenteado com um monte de doenças estranhas. Daquelas que é preciso explicar.

Não me bastou ter enxaqueca. Tenho uma modalidade chamada enxaqueca vestibular. Fuvest? Que p... é essa? É uma enxaqueca que, em vez de dar dor de cabeça, dá tontura, pois ataca o vestíbulo e o labirinto. É como se, de repente, a gente virasse uma bolinha na roleta de um cassino. O lance é evitar montanhas-russas, subir serra, se aventurar num cruzeiro e até mesmo andar de escada rolante, pois pode crer que vai girar.

Meus irmãos e eu viemos todos míopes. Eles operaram a vista. Eu achava que os óculos não me incomodavam (enfiar o dedo no olho pra botar uma lente não é a minha). Mas chegou a hora em que eu decidi me despedir daquela armação tartaruga linda e alçar voo livre. Fui ao oftalmo, que me disse que, ao contrário dos meus irmãos, minha córnea era oblíqua (chutei esse termo, mas é tipo algo bizarro). Acontece em 1,8% das pessoas (chutei também, mas é bem pouco). Para os sortudos, uma esculpidinha a laser na córnea resolve o problema. Minha cirurgia não foi tão moleza assim. O médico teve que abrir a tampinha dos meus lindos olhos castanhos, dar uma mexidinha e fechar, enquanto eu observava tudo pelo lado de dentro. Uma experiência e tanto.

E rinite? Todo mundo tem, né? Eu também tenho, mas uma feita especialmente para mim. A rinite gustativa. Ou seja, enquanto eu como, em vez de dar água na boca, dá no nariz. Superagradável e muito sexy. Eu limpo a boca e disfarço uma assoadinha.

As pessoas geralmente têm intolerância ao glúten, proteína do leite, morango ou nozes. Eu, como faço questão de ser especial, tenho intolerância à pipoca. Sim, a pipoca. Aí você me pergunta como eu vivo sem ela. Aí que tá, eu não vivo. Eu compro o saco jumbo do Cinemark com manteiga extra, me entrego extasiada e saio no meio do filme direto para o banheiro. Ainda assim, acho que vale a pena.

Quer mais ou já está começando a sentir os sintomas?

Às vezes acho que eu deveria fazer transplante de corpo. Vou ao pronto-socorro com um conjunto de sintomas que incluem garganta inflamada, dor no joelho e coceira no couro cabeludo. Sou um desafio para a medicina. Sabe aquele efeito colateral que está em letras menores no fim da bula, tipo alergia no suvaco? Pode crer que eu vou ter.

Agora, eu não sou totalmente desabençoada na questão saúde. Eu tenho pelo menos um órgão muito bom. Infelizmente, não é a bunda e há controvérsias se é o cérebro. Na verdade, é o maior órgão do corpo: a pele. Perdi muitos quilos e o estrago não foi grande. Escapei de cravos e espinhas e ainda não experimentei o Botox.

Não ser hipocondríaca não é uma opção pra mim. Mas a verdade é que basta estar vivo para ter que lidar com nossas mazelas. Cada qual com as suas. Mas, independentemente de assistir *Dr. House*, ler bula ou ter enxaqueca vestibular, se cuidar é a melhor forma da gente se amar.

♡

Asma

Eu não me lembro da vida sem asma. Nas minhas primeiras crises, minha mãe corria para o banheiro para que eu respirasse o vapor do chuveiro. Nebulização, naquela época, só mesmo no pronto-socorro. Depois surgiu um inalador trambolhão para usar em casa. Uma maravilha. Mas o processo não era fácil. Tínhamos que nos entender com um emaranhado de fios e caninhos, lidar com um copinho que amassava só de pensar, colocar água filtrada até uma faixa vermelha impossível de acertar, depositar o soro, pingar os remédios, rosquear a tampa com destreza e ligar. Ligar? Se não estivesse tudo perfeito, o aparelho não funcionava, só de birra, e me faltava mais o ar. Hoje, meu inalador não tem fio, é supersônico, portátil e o soro vem em flaconetes, já que se descobriu que o bom e velho frasco, que durava muitas crises, perdia a função em 24 horas. Quem diria, inalamos placebo durante anos.

Bombinha era coisa de adulto, e, mesmo sendo no tom de azul mais feio que existe (azul paquidérmico?), eu não via a hora de ser promovida a asmática e ganhar a minha.

A asma é uma doença crônica, mas suas crises são disparadas por gatilhos. Os principais são: reações alérgicas, exercícios físicos, mudança de temperatura, estresse emocional e gripe. Você pode me colocar dentro de um armário mofado com um gato no colo, que eu não vou ter asma. Eu posso subir correndo a serra de Campos do Jordão de *top*, que não vai me dar asma. E, mesmo que meu marido me troque por alguém com muito mais colágeno do que eu, tenho a impressão de que não vou ter asma (ódio, vou ter de montão). Mas, se alguém espirrar do meu lado e eu pegar a gripe mais besta que existe, estou ferrada.

E no final de 2021, quem diria, tava rolando um surto de gripe. Não só aquela, magnânima, que assolou nossos últimos dois anos. A gripe *old school*, do Naldecon e da vitamina C (só pra fazer uma fezinha). Ela ficou muito tempo por trás das máscaras e resolveu, como nós, circular. A gripe tem o mau hábito de atacar o ponto fraco de cada um, gripe má. Tem quem tenha faringite ou laringite. Não sei bem a diferença, mas sei que, na prática, é uma puta dor de garganta. Tem a turma da rinite e da sinusite. Dessas, eu sei a diferença. Uma escorre e a outra dói. Tem a otite, uma categoria maldita das "ites", que dá vontade de bater a cabeça na parede. E tem a bronquite, que é a inflamação dos brônquios, as simpáticas arvorezinhas do pulmão. Eu escolhi essa. Toda a empatia e compaixão por quem tem as outras patologias, mas, vocês vão me desculpar, a bronquite tem uma característica que faz dela a pior. Ela atinge um órgão vital, o pulmão. Quando a gente liga para um otorrino por qualquer razão e fala: "Doutor, estou mal pra caramba", ele diz: "Aumenta o anti-inflamatório, toma o antialérgico a cada oito horas e, se piorar, entra no antibiótico". "Ah, e não custa usar o *spray* de mel e não beber gelado." Quando eu ligo para o meu pneumologista e lanço essa, vem uma destas duas respostas: "Vai pro pronto-socorro" ou "Vamos te internar". No momento, estou no pronto-socorro, aguardando ele decidir se vai me internar. Decidiu pela segunda opção, então sigo escrevendo este texto comendo uma gelatina de abacaxi.

O sintoma principal da asma é a falta de ar. O que é mais fundamental que beber água? Que comer? Que dormir? Duas letrinhas pra você: ar. Você é o ar que eu respiro. Preciso de ar puro. De ar livre. De respirar outros ares. Respire fundo. Já pode respirar aliviada. Aliviada?

Em uma crise de asma, os brônquios ficam inflamados, infeccionados e fechados. A sensação é de que puxamos o ar e ele não vem. O pulmão chia, reclama, esperneia. Então tossimos, ficamos ofegantes e muito cansados. A grande ironia da asma é que ela não acontece por falta de oxigênio. *Grosso modo*, o oxigênio entra pelo pulmão, passa pelos brônquios, atinge as extremidades das arvorezinhas – os alvéolos – e não consegue sair, já que os brônquios estão grudados. É aí que acontece nossa luta arfante.

Uma complicação possível da asma é a pneumonia. Nesse caso, a infecção dos brônquios atinge o resto do pulmão. Nos meus tempos de educação infantil eu tive duas pneumonias, na época em que elas eram tratadas com injeções diárias na barriga. Minha vó conta que, todo dia de manhã, quando tocava a campainha, eu começava a chorar. Para me compensar, minha mãe me deixava escolher qualquer coisa que eu quisesse na vida, no mundo, no universo. E eu, naquela idade, já tinha bem claro o que eu queria: um sonho e um Toddynho.

Nem sempre a bronquite me trouxe coisas ruins. Por causa dela surgiu meu primeiro amor, o Bubble. Um jovem rapaz de 10 anos, óculos e aparelho disfarçando sua timidez, mas resguardando seu senso de humor afiado. Por conta da minha condição pulmonar frágil, era desaconselhável que eu carregasse peso. Bubble fazia a gentileza de carregar minha mochila – e a dele – até o ônibus escolar, que ficava longe pra caramba do portão da escola. Ou seja, ele camelava com duas mochilas na hora em que batia o sinal e, só quinze minutos depois, entrava suado no confortável Monza da mãe dele. Num desses traslados, Daniel (ele tinha um nome) me pediu em namoro. O primeiro pedido de namoro da 4ª série B (5º ano de hoje). Eu fiz o que toda garota de 10 anos faria. Disse que ia perguntar pra minha mãe e saí correndo, sem a mochila mesmo. Naquele dia, eu fiquei sem ar. Mas não foi por causa da asma.

Agora já estou há alguns dias no hospital. Não lembro como é meu dedinho sem o oxímetro; quando alguém vem com um estetoscópio e me manda respirar fundo, fantasio enforcar a pessoa e enfiar o auscultador na goela dela; sonho em não ser acordada às seis da manhã com "só uma picadinha" e, principalmente, estou querendo ver a gelatina de abacaxi pelas costas. Mas, de qualquer forma, lá no fundo, sei que a vida é assim. Repleta de felicidades, alegrias, medos, tristezas e, principalmente, desafios. E que lutar por ela e vencer é de tirar o fôlego.

♡

Atendendo aos pedidos amorosos por notícias

Apesar do meu incorrigível bom humor e, modestamente, do meu rosto redondo e bem-disposto (posso estar à morte que me dizem que estou com a cara boa, o que nem sempre é uma vantagem), as coisas não andam exatamente fáceis por aqui. Ainda estou em uma crise severa de asma.

Depois de cinco dias em casa, com episódios de falta de ar realmente sufocantes, depois de cinco dias negligenciando meu estado para tentar manter os pratos girando (filho, casa, trabalho etc.), depois de cinco dias cercada de pessoas próximas envolvidas com seus próprios processos e, de certa forma, confiantes na minha frequente autonomia, só depois de cinco dias, peguei meu carro e praticamente caí de braços abertos na frente do hospital. Imediatamente me colocaram pra dentro, por dez dias, na unidade semi-intensiva. Quem conhece sabe: aquilo é uma máquina de fazer malucos. Eletrodos grudados no peito, oxímetro no dedo 24 horas, manguito inflando de tempos em tempos para medir a pressão, termômetros inseridos sem licença durante a noite, acessos venosos sendo salpicados pelo braço e, para completar, um famigerado medidor de fluxo pulmonar movido a baforadas enérgicas, quantificando arrogantemente meu estado lastimável. A meta para minha alforria hospitalar era atingir a marca de 300 qualquer coisa; 300 estrelinhas, vá. Comecei lascada, com 240, asma grave. Com o passar dos dias fui ganhando dez aqui, cinco ali, com algumas quedas e retomadas. Dias depois, já em casa, dei o meu melhor em uma assoprada e cheguei ao impressionante número 330. Não se anime muito. O normal para a minha idade e peso é 460.

Mas, entre faltas de ar, coração disparado e caminhadas a passo de cágado em um pequeno corredor, a verdade é que passei meus dias de hospital totalmente focada em recuperar meu pulmão.

Finalmente, num domingo, me colocaram numa cadeira de rodas e me desovaram no carro, rumo à liberdade. Descobri que alegria de asmático dura pouco. Depois de poucas horas no meu lar, colando post-its dos horários das bombinhas, meu marido sentiu um arranhado na garganta. Nem vamos imaginar o que seria dos meus pulmões descamados (contei essa?) com uma nova gripe. Juntei os trapos e fui me isolar num quarto na casa da minha mãe. Eu não via meu filho havia 11 dias. Fiquei com ele por um par de horas e nos despedimos com um abraço apertado regado a lágrimas. Duas noites depois, voltei para casa. Ufa, nem gripe, nem covid na minha tenda.

E aí você me pergunta como eu fiquei. Inspirava e expirava bem curtinho, enquanto juntava forças para contar. Estava pior do que quando internada no hospital. Estava presa num corpo que não respondia, frustrada, amedrontada e, principalmente, muito puta.

Me acompanhe: levantei da cama, passei na cozinha pra pegar uma água, sentei no sofá e ergui o celular até um palmo e meio da minha vista. Digitei alguma coisa, elevei a cabeça para falar com meu marido. Pausa. Não conseguia falar. Não conseguia porque estava ofegante, suada, tonta e, sobretudo, com taquicardia. Parecia até que eu havia dado um tiro de corrida, vestindo um sobretudo e cantando Lady Gaga.

Então você me faz outra pergunta: "Por que você não ficou quieta, garota?". Simplesmente porque achei que saindo do hospital eu poderia fazer coisas simples como essas. Tipo vestir um pé de meia sem ter que descansar antes de colocar o outro. Porque, no fundo, eu estava com a esperança de conseguir voltar a girar, pelo menos alguns pires. Mas pelo visto não.

E já que você está me dando atenção, vou desabafar também sobre o mundo mágico da cortisona. Isso tem sido uma boa porcentagem da minha tortuosa saga. Rosto de lua, pé de *focaccia*. Aftas. Insônia. Bruxismo. Compulsão alimentar (velha amiga). Irritação. No hospital, joguei um bolinho no plantonista e arranquei o cateter, fazendo uma cena que, infelizmente, não foi filmada. E a novata e magnânima taquicardia. Óbvio, eu já tive crises de ansiedade nas quais "parecia que eu estava enfartando". Mas, por acaso, eu nunca tinha experimentado a sensação do coração batendo nos dentes.

E, naquele dia, cedo, quase caí como um cristo de novo, só que no consultório do pneumologista. Chorei com o ímpeto de que ele, o hospital e o laboratório do Predsim dessem meu dinheiro de volta. Eu me comportei, não era para ser assim. Veio o veredito: em casa, repouso. Na fisioterapia respiratória diária, esforço (leia-se erguer os braços acima da cabeça soltando o ar). E continue desmarcando tudo, mesmo reuniões on-line – não há fôlego –, pelo menos até o ano que vem. Ouvi o médico repetir em câmera lenta: "pe-lo-me-nos-até-o-ano-que-vem". Dezembro é uma ótima época para ficar inválida. Estou há dois anos pedindo hambúrguer no sábado à noite e, agora que estou repleta de encontros, amigos vindo de fora, aniversários e um casamento, vou ter que ganhar condicionamento cardiorrespiratório para falar "oi". De Natal, meus parentes vão ganhar um apito, já que tive que comprar um saco para o meu novo treino funcional.

E agora? Agora eu posso continuar chateada. Ou seguir muito brava. Ou com pena de mim mesma. Difícil decidir. Mas, no fim das contas, aprendi uma valiosa lição. Quando se trata da nossa boa velha amiga e seus planos, o melhor a fazer é passar o braço ao seu redor e bradar, resignada: "Ê, vida".

♡

Nem tudo está perdido

Eu não sei você, mas eu passo a vida tentando controlar... a vida. Google Agenda, *to do's*, bloco de notas, alarmes, post-its, lista de supermercado, lista de presentes, lista da farmácia... afe.

O fim do ano é meu maior desafio e também meu momento de brilhar. Muitos eventos e afazeres, a começar por providenciar o presente da secretária da terapeuta do professor de piano. Em 2021, experiente, comecei cedo. Eu estava especialmente organizada. Já tinha um cronograma impresso em quatro vias. Um, preso na geladeira; outro, no meu mural; um, na porta do quarto do meu filho e outro, na testa do meu marido. E confesso um pouco envergonhada que também dei uma cópia para minha mãe e para minha irmã, caso quisessem saber onde eu estaria dia 9/12/21 às 16h. Isso me deu uma enorme sensação de paz.

Só que a vida, essa bandida, não gosta de ser controlada. Então, sem mais nem menos, me presenteou com a crise de asma, dez dias no hospital e, em seguida, repouso. Caramba, que azar. Azar? Se formos pensar bem, muitas vezes é assim, só a gente que não prevê a imprevisibilidade das coisas.

Olha como é: depois dos fatídicos últimos dois anos, eu tinha o casamento de um grande amigo. Eu já tinha pegado emprestado um vestido vermelho loucura e faltava 1,5 kg para que ele me acomodasse na perfeição. Já havia separado uma sandália dourada de tiras transparentes amarradas no tornozelo. Um sonho de uma noite de verão. Tinha começado a dieta, e a balança estava colaborando. Também já tinha conversado longamente com uma maquiadora e cabeleireira, que iria usar cinco tons de sombra no meu olho e fazer a onda perfeita no meu cabelo. Já estava me imaginando com o ombrinho despretensiosamente de fora, maquiagem tropical, deslizando pela festa com minha sandália de cristal. Me visualizava com pessoas que eu não via fazia séculos e que, por acaso, me achariam ótima. Sucesso total. Corta. O casamento foi sábado. Eu não fui. Taquei *liquid paper* no quadradinho do dia 11/12/21. Eu não podia pegar nem vento, que dirá uma virose. Também não podia me cansar muito, o que incluía falar ou andar. E ainda havia um requinte de crueldade: eu estava inchada e engordei, pois, com os efeitos colaterais dos remédios, perdi a mão na compulsão alimentar. Ter uma Brunella no hospital não ajudou muito. Junto com a gelatina eu já mandava subir uma bomba de caramelo (ainda não conhece? Corre lá, antes que aconteça um imprevisto e você perca essa). E, para ferrar de vez, descobri que o Frevinho, o melhor beirute de São Paulo (ou seria do mundo?), entregava no internato. Bom, o vestido obviamente não servia mais, e a sandália... a sandália não ia ficar bonita, acredite.

E aí, o que aconteceu? Meu cronograma foi pra maracangalha. Foram 15 eventos em 15 dias. Inúmeros momentos de conexões valiosas e oportunidade de posts incríveis mostrando que minha vida é animada, que tenho muitos amigos e que eles me adoram. Legendas bem sacadas e já prontas para serem usadas, como quem não quer nada.

Passado o ódio, comecei a me dar conta de que essa chacoalhada me trouxe oportunidades que eu não teria na vida planilhada. Descobri, por exemplo, quanto posso contar com a Selma, brava cuidadora lá de casa, com seu amor e sua dedicação muito além do seu *job description*. Depois de tudo que passamos juntas naquele momento de crise, ela ainda me escreveu: "Obrigada por ser essa pessoa que você é". O que dizer para essa pessoa que ela é?

Por uma coincidência, ironia ou destino, minha irmã também precisou fazer um longo repouso em sua casa, ao mesmo tempo que eu fiquei no hospital. Descobrimos o prazer de deixar uma ligação de vídeo rolando por quase quatro horas, como se estivéssemos deitadas no mesmo sofá, de papo pro ar.

Meu marido, assim como eu, ficou sobrecarregado e estressado com toda a situação. E, claro, brigamos. Mas depois, já exaustos, nos perdoamos e selamos a paz com uma massagem nos meus pés com luvas hospitalares, já que ele morre de nojo (do creme, não da Cinderela).

Amargamente, entendi quanto dói a saudade de uma mãe e de um filho, o que me fez dar outro valor para, por exemplo, conversar com ele enquanto ensaboa incessantemente a barriga no chuveiro.

Sofri ao deixar de ver bons amigos, mas tive a feliz surpresa de ganhar novos: enfermeiros carinhosos, fisioterapeutas gente fina, copeiras que garantiam um Toddy gelado no mundo do café com leite quente, meus pneumologistas, que não largaram um segundo do meu pé e do meu pulmão.

E os seriados. Ah, o refúgio dos convalescentes. Assisti a todos aqueles que eu tinha parado no meio: *Billions, Grey's, Morning Show*. Assisti aos "heavys": *Narcos, La Casa de Papel, Succession*. E também aos "lights": *Luis Miguel, Virgin River* (tem sua graça) e *Chesapeake Shores* (uma bosta mesmo). Fiz duas playlists no Spotify: "Marília definitivo" e "Marília e convidados". Descobri o emoji do pulmão e suas possíveis combinações: pulmão + gratidão (meu pulmão agradece), pulmão + soquinho (bora lá, pulmãozinho), pulmão + vento (em breve estou voando) e por aí vai. E, por fim, fiz da Black Friday on-line um dia de altas emoções.

Se desperdicei legendas espertas em fotos eufóricas, ganhei assunto para textos profundos e verdadeiros. Se deixei de fazer conexões cara a cara, fiz conexões muito próximas a distância. Não exibi quanto minha vida é animada, mas mostrei que parada ela também não é, não. E sim, comprovei que tenho muitos amigos, tanto secretos quanto escancaradamente preocupados comigo.

No fim das contas, a lição que aprendi foi a de dar menos valor para cronogramas nas cores do arco-íris, penteados desestruturados e posts vaidosos. Passei a valorizar mais o presente e os presentes. Resolvi deixar rolar. E, principalmente, aprendi que todo dia é dia de ser feliz.

♡

Crônica da doente crônica

Minhas receitinhas para alguns tipos de encrenca:

- **Depressão**: Porta dos Fundos, Lindt bolinha (tem que colocar uma em cada bochecha e esmagar) e Zoloft.
- **Ansiedade**: meditação, distância da Globo News e Frontal (para encarar a vida com coragem).
- **Inveja**: tarde no cabeleireiro pra levantar a autoestima, apagar o app do Instagram e terapia.
- **TPM**: brigadeiro de leite Ninho, brigadeiro de Nutella, beijinho e bicho de pé. Ah, e Buscopan.
- **Pressão baixa**: Bradley Cooper, blush (ninguém merece ficar pálida) e, se não der certo, sal embaixo da língua.
- **Hipoglicemia**: Nhá Benta, alfajor e paçoca. Depois disso, insulina.
- **Insônia**: leite quente, Discovery Channel e evitar cafeína. Se não der certo, Rivomil, Lexotantã, Valium me Deus, Stillnocaute ou Putz, quer dizer, Patz.

CAPÍTULO 11

A escrita e eu

Currículo psicodélico

O meu currículo é uma viagem de ácido. Troquei de carreira mais do que troquei a cor do esmalte. Não sei quantas vezes fiz cara de tartaruga quando perguntaram minha profissão. Na verdade, eu já sabia que queria ser escritora aos 8 anos, quando li, na frente da classe, um poeminha em que rimei Janete, Danette e cotonete. A turma toda riu. Riu pra valer. E eu me senti muito bem. Passaram-se os anos e cheguei às vésperas do vestibular. Não sei aí na sua casa, mas na minha era puxado dizer que eu queria ser escritora. A primeira pergunta era: "Vai fazer faculdade de quê?". Nem me venha com faculdade de Letras, que, com o meu estilo livre, eu ia errar na mosca. Artista plástica ou cantora, que também eram meu lance, não iam pegar bem também. Então, bati no liquidificador o que eu gostava com o que eu deveria gostar e fui fazer Publicidade. Na primeira agência em que trabalhei, perceberam que eu tinha jeito pra escrita e me escalaram para alimentar o portal de notícias de um cliente. Eu, que sou católica astrológica romântica, adorava escrever o horóscopo. Funcionava mais ou menos assim: "Caro amigo pisciano, você está em um momento de transformação. Nas próximas semanas, receberá uma surpresa. Uma pessoa próxima terá um problema de saúde. Atenção com papéis e finanças". Na semana seguinte eu embaralhava os textos, trocava de signo e mandava brasa. Minha vida mística não durou muito e fui trabalhar em outras agências. Virei muitas noites e descobri que filme publicitário não se chama anúncio de TV. Mas eu gostava mesmo era de fazer amigos no fumódromo e de terminar o dia no bar. Na hora do almoço, eu fazia aula de canto, de pintura e de francês (para o caso de ir trabalhar no Louvre). Dava pra saber que eu não estava no lugar certo.

Estrategicamente, meu inconsciente me deprimiu. Larguei o mundo dos *briefings*, peguei uma roupa de cama e meu macacão jeans e fui estudar

Artes Plásticas em Barcelona. Me deleitei desenhando os espanhóis como vieram ao mundo. Não me cansei de fazer o circuito Museu Picasso, Miró e Dalí. Só voltei para o Brasil porque tinha deixado meu coração com um rapaz. Fui dar aula de artes para crianças. Só que elas não entendiam a diferença entre a tela e o cabelo do coleguinha. Quando vi, estava enfiando os anjinhos no tanque e lavando com sabão de coco. A verdade é que eu voltava da escola em coma e percebi que esse trabalho era para os fortes. Eu não era um deles. Casei e montei uma produtora de trilhas sonoras com meu marido e com o irmão dele (aquele casado com minha irmã). Com inspiração na mistureba familiar, ela foi nomeada "Casa da Sogra". Depois que meu filho nasceu, minha cabeça parou. Mais uma depressão, dessa vez pós-parto. Toda a energia que eu tinha era pra cuidar dele. Mas um dia ele sentou, no outro engatinhou e, de repente, começou a andar. Achei que era hora de voltar à ativa.

Me meti a estudar decoração. Eu sempre amei arquitetura. Meu pai é engenheiro e eu me interessava muito pelo seu trabalho. Quando já era mãe, prestei vestibular para Arquitetura, só pra ver. Não passei, é claro. Função de 3º grau e ligações iônicas não eram mais da minha alçada. Então, achei um curso técnico de design de interiores e me matriculei. Adorei, mas descobri que eu só tinha dois estilos: "over" e "over". E eles não agradavam todo mundo.

Depois de tantas experiências errantes, cansei e decidi qual seria minha próxima carreira. Dona de casa. Só que eu leio até instruções de pipoca de micro-ondas, faço *tie dye* em roupas brancas na máquina de lavar e passo álcool nos móveis de madeira. Sem contar que comecei a me dedicar integralmente ao meu filho. Lá pelas tantas, ele desabafou: "Mãe, sai do meu pé!". Ele tinha razão. Mas sair pra onde, meu Deus?

Mexendo em alguns papéis, achei a Janete, que foi à lanchonete de caminhonete, exatamente às sete. E me dei conta de que a escrita sempre fez parte da minha vida, só que por trás das cortinas. E que talvez fosse a hora de pisar no palco. Vou contar essa história a seguir, mas já posso adiantar que me vestir de mim mesma é o maior barato.

Sobre crônicas e dissertações

Na educação infantil e no ginásio, redação era diversão total. Poemas, diálogos, pequenos romances, textos engraçados e a inevitável redação sobre as "minhas férias". Eu, que sempre tive jeito e gosto pelas palavras, me deleitava. Chegou o colegial (ok, ensino médio) e eu fui toda, toda estrear no mundo das redações maduras. Ocorre que, de primeira, eu tirei 6. Depois 5. Depois 3,5! Eu era boa aluna e nunca havia tirado nota baixa em nenhuma matéria, muito menos na que eu achava ser a minha especialidade. Depois do susto, fui ler os comentários da professora e entendi. O objetivo era fazermos dissertações, pois caíam no famigerado vestibular. Só que falar sobre "como a mídia influencia os jovens nos dias de hoje" me interessava infinitamente menos do que a cor do meu cabelo e sua relação com a minha visão de mundo.

Àquela altura, eu ainda não tinha certeza de qual era a minha, mas havia encontrado um livro de crônicas do Stanislaw Ponte Preta (Sérgio Porto) que virou minha cabeça. E, para falar a verdade, depois de lê-lo cinco vezes, eu tive certeza de que aquela era a minha.

"A dissertação utiliza a argumentação para discorrer sobre um tema e, ao apresentar a sua tese, o autor deve afirmá-la com o uso de dados, estatísticas, pesquisas, evidências e citações." Rá, rá, rá. Eu não tenho ideia de como fazer isso, até hoje. Aliás, eu cursei três quartos de um mestrado em Artes Visuais e só saí porque não houve Umberto Eco que me ensinasse a escrever uma tese. Não houve orientador que me fizesse deixar de escrever como eu falo. Como ser científico para expressar o que tem aqui dentro?

Como quem guarda tem, eu encontrei uma pastinha com as minhas redações da escola. Percebi que a professora de Português do colegial, na tentativa de me ensinar a fazer boas dissertações, me fez aprender a escrever textos como este.

Aos 10 anos, recebi a seguinte mensagem atrás do meu poeminha pueril: "Beatriz, você tem virtude. Continue escrevendo e verá como poderá ser útil dessa forma. Um grande beijo, Ana Maria Machado".

Quando eu tinha 13 anos, a professora de Português da 7ª série escreveu na minha redação: "Beatriz, bela narração: imaginativa, bem estruturada e sensível. Você elaborou um texto à altura de uma poetisa".

Finalmente, no colegial, o maravilhoso mundo das dissertações, vieram os seguintes comentários: "Beatriz, use a linguagem-padrão. Expressões e palavras da linguagem oral devem ser evitadas", "Evite frases feitas", "Não se coloque pessoalmente no texto e não se dirija ao leitor usando EU e VOCÊ", "Beatriz, você escreveu: 'Ótimo, mas e aí, como é que fica?'. Não use expressões orais, da língua falada. É impróprio". Por fim, encontrei um meio elogio: "Bia (veja a mudança de tratamento), você escreve num estilo leve, popular, mas cuidado para não exagerar!". Ah, e eu já ia me esquecendo: "Não assine as redações!". Esse era exatamente o problema. Eu não consigo separar a escrita de mim.

Eu sempre li as notícias da minha mente. As matérias do meu dia a dia. Os escândalos da minha alma. O boletim diário do meu coração. E decidi transformar isso em textos de uma lauda (ok, às vezes, duas), que falam de coisas cotidianas e começam e acabam antes de terminar um café. Neles exponho minhas fragilidades, meus segredos, minha alegria, meu humor. Por isso tudo, professora e dissertações, vocês que me perdoem, mas "Crônica, eu te amo".

♡

Processo criativo

Uma coisa eu sei, *brainstorm* no cérebro dos outros é refresco. Meu processo criativo devia se chamar "brainstrago". As ideias não têm a menor educação, muito menos *timing*. Diferente de mim, elas não esperam sua vez. Estou na fila dos Correios. Finalmente, me chama um rapaz muito simpático, que começa a me fazer perguntas: "Qual o seu endereço?", "e o seu CPF?"... No mesmo instante, visualizo a atendente ao lado lascando a unha azul ao procurar a ponta da fita crepe, numa luta inglória. Pronto. Me vem uma ideia que, na hora, parece genial. Minha cabeça se divide entre a ideia e tentar ditar meu CEP: "06542-362840912...", que sai uma mistura do CPF do meu marido com a data de nascimento da minha avó. Enquanto falo, vou tentando desesperadamente guardar a ideia na cabeça, para anotar assim que tiver chance. Tenho algumas táticas para uma situação como essa. Penso numa imagem forte que remeta à ideia. Tipo, pra que se usa fita crepe? Pra fechar pacote de Negresco, pendurar cartolina, fazer etiquetas improvisadas... Já sei! Pra enrolar uma múmia. Não é bem isso, mas é uma imagem marcante e que pode funcionar. Às vezes, só de sacanagem, me vêm três ideias, uma coladinha na outra, uma espécie de maldição criativa. Nesse caso, formo um neologismo com a primeira sílaba de cada uma delas. Exemplo: ca(*peta*)-ro(*cambole*)-le(*treiro*) = carole. Agora é só repetir até enlouquecer. Eventualmente, acrescento uma melodia duvidosa, para que grude ainda mais. Chamo isso de efeito "bom-xibom-xibom-bombom". Se estou com sorte, logo consigo anotar a ideia na almofadinha da palma da mão, mesmo que eu só tenha uma caneta permanente e mais tarde seja obrigada a usar lixa de pé para apagá-la. Perder uma ideia é pior do que perder a aliança no Rock in Rio. Já era.

Eu tenho uma outra tática esquisita. Fico até meio envergonhada de contar, mas sei que você não vai falar pra ninguém. Visualize: eu e meu marido estamos jantando num restaurante, em uma mesinha acanhada, com um casal de amigos. Talheres nas mãos, papo animado. Eis que... pum! Vem aquela ideia na cabeça (quase mesmo como um pum). Inquieta, sei que preciso liberá-la de algum jeito. Pegar o celular que está na bolsa seria a melhor opção, mas não há clima pra isso. Em meio às gargalhadas, não há previsão de pausa para respirar. Entro em um desespero velado, com medo de ela fugir. Aí entra minha verdadeira genialidade: "Passa o sal?". Salpico no risoto e, fazendo a distraída, polvilho freneticamente na minha Coca Zero. Pronto, estou a salvo. Até o final da noite, toda vez que eu der um gole no meu refrigerante temperado, vou disfarçar uma careta, mas vou lembrar da minha ideia com o coração feliz.

♡

Palavras

Tem gente que gosta de colecionar sapatos. Eu, particularmente, acho que ocupam muito espaço. Tem os que colecionam moedas.

Meio pesado e sujinho, não? Eu gosto de colecionar palavras, que são leves, limpinhas e dá pra carregar no bloco de notas do celular.

Por exemplo, você já reparou que existem palavras feias e bonitas? Isso não tem a ver, necessariamente, com o significado, a grafia ou a sonoridade delas. É simplesmente uma sensação pessoal. De todo modo, vou dar alguns exemplos, quem sabe você concorde comigo. A ver: subalterno, sopapo, jocoso, gutural. Lombriga, embuste, mixórdia, pernóstico. Catapulta, gororoba, hediondo, escroque. Apesar de interessantes, alguém discorda de que são palavras de beleza duvidosa? Dentro do universo das palavras feias, ainda temos uma categoria especial. São as palavras feias com significados nojentos. Desculpa aí: catarro (a gente já fala arranhando a garganta), sovaco (você não sente o cheiro?), furúnculo (pus?), verruga (berruga?). A maternidade é uma das coisas mais lindas da vida, mas as palavras puerpério, regurgito e colostro não são fáceis. Aliás, esta última é a palavra feia perfeita: significado esquisito, sonoridade desagradável, e tem mais um diferencial. Se você reparar, é meio esquisito de pronunciar. Tenta comigo: co-loooss-tro. Dá até uma vergonhinha. E tem as palavras bonitas. A magnânima saudade não nos deixa mentir. Nuvem, lágrima, infinito, azul, memória, magia, goiabada, alma, maio e luz só vêm engrossar o coro das metidinhas. E tem as que são dúvida, tipo: jaboticaba, galhofa, labirinto, bocejo, chafariz. Joanete também me deixa balançada. Imbróglio, palíndromo e acabrunhado, independentemente de sua estética, têm uma vantagem em relação às outras, dão uma coceirinha na ponta da língua.

Você me dá licença, mas eu vou fazer um parágrafo dedicado aos chamados "palavrões". Palavras consideradas obscenas, grosseiras ou pornográficas. Vocábulos que vivem à margem, coitados. Justiça seja feita, os palavrões nos exigem bem mais do que as palavras difíceis. Eles têm que ser escalados na hora certa, empregados precisamente e para o público adequado. Sob pena de falar mal de quem os fala. Se alguém conta uma fofoca de arrepiar, o que dá mais prazer em responder? "É mesmo? Santo Deus!" ou "Sério? Caralho!"? Nota-se que, ao falarmos esse palavrão, a boca se abre como a de um leão mugindo. Agradável, não? O lance do palavrão é que, na maioria das vezes, o seu significado se perdeu. Aquele show "do caralho" nada tem a ver com um órgão reprodutor masculino enrugado. Por exemplo, seu amigo foi demitido.

O que é mais empático de dizer a ele? "Puxa vida, que chato, hein?" ou "Caceta, que booooosta!"? Palavrão gostoso se fala arrastado. Você acaba de descobrir que sua ex tá com outro. O que te alivia mais? "Não tô nem aí. Que se dane" ou "Ah, é? Fooooodaaaa-se"? Você foi calçar o sapato e se deparou com um bicho dentro dele. Sozinho, o que você diz? "Nossa, o que que é isso, minha gente?" ou "Que porra é essa, mano?" Eu sei que começa até a dar um mal-estar ouvir tantos palavrões. Ainda mais escritos. Mas, porra, tem coisas que são mesmo foda.

Agora vamos do baixo ao alto calão. Se você é advogado, pule esta parte, porque pra você vai ser mole. Se não é, vem queimar a mufa aqui comigo. Tem palavras que foram feitas para nos sacanear. Elas são infrequentes, mas muito parecidas com outras do nosso dia a dia. Bobeou, somos induzidos a erros, muitas vezes ridículos. Alguns exemplos pra você. Fustigado: cansadão? Não, pior. Maltratado. Alijado: deficiente? Não, afastado. Escrutínio: escrotinho? Exame minucioso. Arroubar: abrir à força? *Nope*, extasiar. Capcioso: relativo a *carpaccio*? Não, ardiloso. Engodar: crescer a pança? *Not*, enganar. Ignóbil: ignorante com imbecil? Quase. Infame, desprezível, baixo, vil, asqueroso, sórdido...

Em relação às palavras comprimento, cumprimento, tráfico, tráfego, descriminar, discriminar, infligir, infringir, deferir, diferir, não vou nem perder o meu tempo amaldiçoando o mau-caráter que as inventou.

Confundir o significado das palavras parece escabroso, mas tem sua poesia. É um perigo iminente (ou eminente?) usar palavras que não dominamos. Mas, em relação ao uso delas, sou tanto impávida quanto pusilânime (Google: corajosa/medrosa). E, por pura adrenalina, uso todas e ainda faço cara de letrada. Afinal, puta merda, me respeita que eu sou escritora.

CAPÍTULO 12

O café e a conta